10/21

LA CRISE SPIRITUELLE DU QUÉBEC

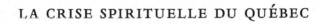

Paul-Émile Roy

La crise spirituelle du Québec

L'essentiel

BELLARMIN

Photo de la couverture : © C Salisbury / Shutterstock
Conception de la couverture : Gianni Caccia
Mise en pages : Bruno Lamoureux

Catalogage avant publication de Bibliothèque et Archives nationales du Québec et Bibliothèque et Archives Canada

Roy, Paul-Émile, 1928-

La crise spirituelle du Québec

(L'essentiel)

ISBN 978-2-923694-30-6 [édition imprimée]
ISBN 978-2-923694-79-5 [édition numérique PDF]
ISBN 978-2-923694-81-8 [édition numérique ePub]

1. Christianisme – Québec (Province).   2. Christianisme – 21e siècle.
3. Québec (Province) – Religion - 21e siècle.   4. Spiritualité –
Québec (Province). I. Titre. II. Collection: L'essentiel (Bellarmin).

BR575.Q3R69 2012   277.14'083   C2011-942909-8

Dépôt légal : 1er trimestre 2012
Bibliothèque et Archives nationales du Québec
© Groupe Fides inc., 2012

La maison d'édition reconnaît l'aide financière du Gouvernement du Canada par l'entremise du Fonds du livre du Canada pour ses activités d'édition. La maison d'édition remercie de leur soutien financier le Conseil des Arts du Canada et la Société de développement des entreprises culturelles du Québec (SODEC). La maison d'édition bénéficie du Programme de crédit d'impôt pour l'édition de livres du Gouvernement du Québec, géré par la SODEC.

IMPRIMÉ AU CANADA EN JANVIER 2012

Je hais mon époque de toutes mes forces. L'homme y meurt de soif. Ah ! Il n'y a qu'un problème, un seul de par le monde. Rendre aux hommes une signification spirituelle, des inquiétudes spirituelles. Faire pleuvoir sur eux quelque chose qui ressemble à un chant grégorien [...] retrouver le sens de l'homme ; et il n'est point proposé de réponse et j'ai l'impression de marcher vers les temps les plus noirs du monde [...] Les hommes auraient tant besoin d'un dieu.

ANTOINE DE SAINT-EXUPÉRY

Avant-propos

Après la mort du Christ, le christianisme s'est répandu par la prédication au Moyen-Orient, dans l'Empire romain. Puis est apparue la chrétienté, qui a produit de nombreux fruits pendant plus de mille ans. Au dix-huitième siècle, cette civilisation est remise en question. La modernité provoque un remue-ménage qui sera assumé par Vatican II. Depuis ce temps, l'Occident s'efforce tant bien que mal de se ressaisir, dans la confusion et la volonté d'affronter les situations nouvelles.

Dans le branle-bas des grandes opérations de la modernité, on a parfois perdu conscience des richesses que l'histoire nous avait laissées en héritage. Le moment est venu, me semble-t-il, de nous ressaisir, de regarder d'où nous venons et où nous nous en allons.

1. Une pâte sans levain

Il est difficile de saisir la nature de la crise spirituelle que traverse actuellement le Québec. Pour beaucoup, cette crise n'existe pas, car nous sommes à l'ère des libérations, nous sommes sortis de la Grande Noirceur, nous formons maintenant une société moderne ouverte à la mondialisation, aux technologies nouvelles. Une société « post morale » qui n'est plus étouffée par les scrupules et les conformismes de la société d'autrefois.

Mais on nous dit aussi que le Québec a connu ces dernières années un des plus hauts taux de suicide des jeunes au monde, on parle d'une crise de l'éducation qui s'exprime par un taux de décrochage scolaire exceptionnel, les soins de santé sont très mal organisés, la corruption fait ses ravages dans les milieux financiers… Quant au discours politique, il est inexistant. Ce qui en tient lieu, c'est le bavardage des politiciens et le papotage des médias. On dirait que le Québec ne sait plus où il va, qu'il ne va nulle part, qu'il végète dans un cul-de-sac, en attendant de disparaître complètement dans les soubresauts de l'histoire. (Ceci est écrit en 2009-2010.)

Ce qui me frappe peut-être le plus dans ce marasme informe, c'est l'absence de toute spiritualité, le manque flagrant d'âme et d'idéal. La société québécoise, dans une insouciance et une inconscience illimitées, s'abandonne allègrement aux grandes célébrations de la société de consommation, indifférente aux vexations et aux injustices que lui fait subir le gouvernement canadien. On a oublié les brimades du rapatriement unilatéral de la Constitution, les promesses non tenues des artisans des opérations du Lac Meech, le vol du référendum de 1995, etc., etc. Le Québec ne veut pas regarder la situation qui lui est faite, il encaisse les refus, les vexations, les humiliations avec une résignation qui relève de l'inconscience et de la bêtise.

Comment en est-il arrivé à cette attitude démissionnaire ? C'est ce que je vais tenter d'expliquer dans ce texte en essayant de ne pas me laisser influencer par la rectitude politique, par l'atmosphère de démission et d'insouciance qui enveloppe le Québec actuel. Le malaise actuel est de l'ordre de l'inconscience. C'est pourquoi il n'est pas vécu comme un malaise. Le Québec actuel se perçoit comme une réussite, alors qu'il sombre tous les jours un peu plus dans le vague, dans l'inconsistance, je dirais dans l'insignifiance, avalé par la grande foire de la consommation. Il n'a plus d'identité, plus d'idéal, plus de personnalité. Il est dans l'immédiat, dans son vécu, insouciant, indifférent à son passé et à son avenir, indifférent à son propre destin.

On pouvait lire à la une du *Devoir* du 9 juillet 2009 : «Échec de la lutte contre le décrochage scolaire. 200 millions $ n'ont pas permis d'accroître de façon notable la persévérance scolaire.» Comme si la persévérance scolaire, comme si la qualité de l'éducation n'étaient qu'une question d'argent, de stratégie.

À l'occasion de la fête des Mères, toujours en 2009, Lise Payette écrivait dans *Le Devoir* : «La fête des Mères est devenue tellement commerciale qu'on perd parfois de vue complètement ce qui nous pousse à nous réunir ce dimanche-là.» Le Québec connaît de nos jours une déshumanisation des rapports sociaux qui s'exprime de mille façons. On ne parle plus, par exemple, de dévouement, de charité, de pardon, de gratuité. Cela fait quétaine. Nous vivons dans une société fonctionnelle où la gratuité n'a pas sa place. Non seulement la gratuité, je dirais l'humanité. Je ne peux, par exemple, supporter le langage officiel sur l'avortement qui traite de cette question comme s'il s'agissait d'une opération mineure assimilable à n'importe quelle opération chirurgicale. Le 13 août 2009, il était écrit dans *Le Devoir* : Le premier ministre s'est engagé hier «à mettre le couvercle sur la marmite en s'engageant à respecter scrupuleusement le droit des femmes d'interrompre une grossesse non désirée». Une considération comme celle-là, et elle ne détonne pas du tout dans le contexte actuel, banalise tout à fait ce grave problème de l'avortement, banalise les droits du fœtus ou de l'enfant à naître.

Mon impression irrépressible, c'est que notre société est une pâte sans levain, une immense machine dénuée de toute spiritualité, une entreprise totalitaire ennemie de toute culture : « Qui, écrit Jean-Pierre Issenhuth, cherche une culture populaire ne rencontre guère, hors des spectacles folkloriques, qu'une suite de modes fugaces dictées par le marketing[1]. »

Disons que notre société n'a pas d'âme. Elle est obsédée par une certaine efficacité, elle cultive les rapports fonctionnels, se soumet en tout aux lois du marché. Disons qu'elle n'a plus la foi. Je prends le mot dans un sens très large, comprenant bien sûr la référence traditionnelle à une transcendance, mais aussi le souci de la culture, des valeurs, de la dignité humaine. Le plus grand malheur, dit Issenhuth, c'est de perdre la foi[2]. Quand l'homme n'a plus la foi, il devient un robot. Les êtres ne sont pour lui que des objets. Le sens des choses ne l'intéresse pas. Il se complaît alors dans tous les ersatz de la civilisation. La publicité tient lieu de rapports sociaux, les manifestations sportives deviennent la religion des citoyens grégaires.

Notre société, dis-je, n'a pas d'âme. Elle ne parle plus de l'âme. C'est un terme que l'on a mis à l'index, que la langue actuelle ignore. Un mot confisqué.

---

1. Jean-Pierre Issenhuth, *Le cinquième monde*, Montréal, Fides, 2009, p. 59.
2. Jean-Pierre Issenhuth, *ibid.*, p. 188.

Mais plus qu'un problème linguistique, il y a là un problème de civilisation. Si notre société ne parle plus de l'âme, c'est parce qu'elle n'a plus d'intérêt pour ce que j'appellerais le monde de l'âme : l'intimité, la discrétion, la pudeur, le respect, la libéralité, le sens du mystère, l'inexprimable, l'implicite, le sentiment, la gratuité… Elle s'intéresse aux faits, à ce qui est gros, bruyant, évident, à ce qui ne fait pas dans la nuance, à ce qui se vend et s'achète, à ce qui se mesure, se comptabilise.

Pour beaucoup de nos contemporains, la religion est une chose du passé. Le mot « catholicisme » est caduc. L'homme nouveau qui a connu toutes les libérations est libéré de la religion. Les mots « prière », « sacrement », « volonté de Dieu » et même « piété », « charité » sont vétustes. Nous nous mouvons dans une sphère dépouillée des signes et du langage religieux. En même temps, nous feignons de ne plus prêter l'oreille aux grandes questions qui s'élèvent de toutes parts. L'homme nouveau fait le sourd. Il joue au brave. On peut se demander si c'est l'inconscience qui l'habite ou un grave sentiment d'insécurité qui le rend inapte à porter la moindre interrogation. Peut-être se prend-il tout simplement pour une machine.

On peut dire que notre monde est centré sur le spectacle, le sensationnalisme, l'emballage, l'apparence. Il ne s'intéresse pas à ce qu'il y a au-delà. Nous cultivons le paraître, l'effet. Nous sommes superficiels, c'est-à-dire tout en surface. Voilà pourquoi les effets doivent être si gros : parce qu'il n'y a rien en dessous. Le bruit augmente dans la mesure où la musique diminue. La course aux objets est insatiable parce qu'ils ne sont pas des signes ni des symboles. Les symboles parlent à l'âme et la nourrissent, mais s'il n'y a plus d'âme, les symboles s'évanouissent, deviennent des objets. Il n'y a plus de symboles, il n'y a que des objets.

La littérature rend compte de mille façons de ce vide spirituel. Je me contenterai pour le moment de faire référence au roman de Jacques Poulin, *Les grandes marées*, dont François Rochon a donné une étude magistrale. «*Les grandes marées*, écrit-il, représente un univers dépourvu de sens, un monde qui s'enfonce dans l'insignifiance, une société qui assassine paradoxalement celui dont elle devait faire le bonheur.» Du personnage principal, il écrit : «Dans le monde qui est le sien, aucune transcendance, divine ou humaine, aucune vérité, morale ou matérielle, ni aucune réalité ne lui importent, sauf dans les yeux des gens, parfois une sorte d'éclair qui brille, une sorte de chaleur, ce qui, convient-il, n'est pas grand-chose[3].»

La jeune chanson québécoise rend compte elle aussi de ce vide de façon dramatique. Dans l'étude «Malaise existentiel et discours apocalyptique dans la jeune chanson québécoise[4]», Isabelle Matte analyse le message qui

---

3. François Rochon, «Nourriture, douceur et désespoir dans *Les grandes marées* de Jacques Poulin», *Voix et Images*, vol. 34, n° 3, printemps-été 2009, p. 97.

4. Chapitre 9 de l'ouvrage collectif, *Modernité et religion au Québec*, sous la direction de Robert Mager et Serge Cantin, Presses de l'Université Laval, 2010, p. 165-179.

est véhiculé. Elle constate que les jeunes vivent une insatisfaction profonde, «qu'ils vivent dans un monde qui s'évanouit inévitablement». Ils connaissent «un vide existentiel» dramatique. «L'idée du vide revient fréquemment, une sorte de vide ambiant qui affecte l'existence vécue.» Ce vide est présenté comme une dimension de la modernité et un produit de la société de consommation.

On ne saurait mieux décrire la crise spirituelle qui affecte notre société. J'ajouterais seulement à ce tableau une teinte sociale et culturelle. Quand la spiritualité disparaît de la société, ce ne sont plus le goût de vivre et le sens de la justice qui règlent les relations humaines, mais la loi de la jungle, les rapports de forces, le désordre sous toutes ses formes.

2. Une crise moderne

Pour tout le monde, le mot « modernité » est synonyme de progrès. C'est un point d'arrivée après les longs siècles du cheminement de l'homme dans les différentes étapes de l'Histoire. Si l'on considère l'histoire de l'humanité sur une période de deux mille ans, de cinq cents ans, de cent ans... on se rend compte du développement des soins de santé, de l'assistance sociale, du système d'éducation, de l'élévation du niveau de vie, de la proclamation des droits de l'Homme, de tous les services que les sociétés développées offrent aux malades, aux handicapés, etc. Qu'on pense au développement de la technologie, à la diffusion des connaissances, au développement inouï des moyens de communication et de l'industrie des transports qui met la planète à la portée de main de tous. Vue sous un certain angle, la modernité est une merveille.

Pourtant, c'est le monde moderne qui a connu les pires guerres de l'histoire, le Goulag, l'Holocauste, la bombe atomique, la destruction du World Trade Center, le terrorisme... La criminalité n'a probablement jamais été aussi florissante. Malgré les législations les plus développées, les institutions les plus sophistiquées, les profiteurs du système pullulent, les grands bandits publics réussissent la plupart du temps à s'en tirer sans trop d'inconvénients... La modernité est synonyme à la fois de progrès et de barbarie, de libération et de dégradation.

On peut voir la modernité comme l'émergence d'un nouveau prolétariat qui tend à s'étendre à toute la planète. Il est le produit du développement technologique et des médias. Un prolétariat qui n'est pas caractérisé par la pauvreté, mais par l'exploitation de la masse des citoyens par les impératifs de la consommation. Une société qui n'a d'autre culture que celle de la publicité, une société qui subit une aliénation différente de celle qui, selon Marx, affectait la classe ouvrière, mais qui n'en est pas moins dépersonnalisante. Cette aliénation est l'effet de la fixation sur l'immédiat, le sensationnel, le vécu, la nouveauté. Elle écarte la connaissance, le sens, l'histoire, ce que nous appelions autrefois la « culture ». On parle maintenant de la culture du sport, de la culture des médias, de la culture de l'industrie, de la culture de n'importe quoi, c'est-à-dire qu'il n'y a plus de culture. L'enseignement ne se soucie plus de connaissances mais de compétences. Il ne s'agit plus d'être mais de faire. L'industrie, l'économie, le marché ne sont plus au service de l'homme, mais c'est l'homme qui est au service du marché, de l'industrie, de l'économie. Les gouvernants ne gouvernent pas, ils sont des gestionnaires.

Dans la pensée traditionnelle de l'Occident, l'homme était le roi de la Création. Il avait pour vocation de peupler la Terre, de l'habiter et de la dominer. L'homme de notre époque ne domine plus rien. Il est emporté par les forces qui s'exercent sur lui et autour de lui. Dans son livre, *Les enjeux de la rationalité. Le défi de la science et de la technologie aux cultures,* Jean Ladrière démontre on ne peut mieux comment la technologie tend à se développer en renforçant toujours son autonomie par rapport aux autres domaines de l'activité sociale. Elle a ses finalités propres qui ne sont pas nécessairement celles de l'homme, et la poursuite de ces finalités peut contrecarrer systématiquement celles de l'homme. C'est dans cette perspective qu'il faut situer le discrédit de l'humanisme et de la culture dans le domaine de l'éducation. Dans la grande machine dominée par la technologie qu'est devenue la société, l'éducation, qui est un rouage dans ce mécanisme, n'en a plus que pour la performance et les compétences.

Nous avons longtemps pensé que les idées menaient le monde, que la réflexion des penseurs était responsable de l'orientation des sociétés. Il y a quelques décennies déjà, Hannah Arendt affirmait le contraire. « Ma conviction, écrivait-elle, est que la pensée elle-même naît d'événements de l'expérience vécue et doit leur demeurer liée comme aux seuls guides propres à l'orienter[1]. » Nous avons de plus conscience que la réalité nous échappe, que nous ne dirigeons plus nos existences, que la réalité nous précède, que nous sommes emportés par elle. C'est pourquoi nous n'avons plus de philosophie de l'homme, c'est pourquoi les sagesses sont abandonnées, sont inopérantes. Nous ne sommes plus instruits par l'expérience du passé, nous ne dirigeons plus nos existences, nous sommes happés par les dernières nouveautés et celles qui apparaîtront demain.

Les conséquences de cette donnée sont que moins que jamais nous ne savons ce qu'est l'homme, que nous ne pouvons nous en faire qu'une conception toute provisoire qui sera modifiée par le développement de la technologie, de la génétique, de l'astrophysique... En conséquence, plus rien n'est impératif. Il s'agit d'occuper le temps qui passe en attendant que tout change. Tout se vaut, c'est-à-dire que rien ne vaut. C'est une conviction bien enracinée dans la conscience de l'homme d'aujourd'hui qu'on ne peut plus parler de nature humaine, et donc ni de norme d'action ou de conduite, c'est-à-dire de morale. Les considérations d'ordre moral sont perçues comme réactionnaires, démodées. Dans notre société, la morale, c'est-à-dire le sens du juste et de l'injuste, est remplacée par le souci de faire ce qui convient, c'est-à-dire ce qui correspond au conformisme ambiant.

---

1. Hannah Arendt, *La crise de la culture*, Paris, Gallimard, « Folio Essais », 1972, p. 26.

Ce qui me semble caractériser fondamentalement la crise spirituelle de l'homme moderne, c'est qu'il subit les effets d'une profonde dépossession psychologique qui affecte toute son existence. Je ne comprends pas du tout Christian Vandendorpe qui écrit : « Plus que jamais, l'individu se sent en charge de son destin, échappant aux contraintes que lui imposait jadis son ancrage dans un territoire contrôlé par un appareil religieux et social omniprésent[2]. » Une telle affirmation surprend, car l'homme d'aujourd'hui dépend plus que jamais de la société, dont il attend un salaire et une pension de vieillesse, des spécialistes de toutes sortes, de celui qui viendra lui poser ou réparer son four micro-ondes, son ordinateur, sa voiture… De plus en plus de gens ont besoin d'un décorateur pour décider des couleurs des murs de leur appartement. À la moindre grippe, les voilà chez le médecin… Notre homme contemporain, et c'est pour moi l'évidence même, est moins indépendant que l'homme d'hier. Il est de plus privé d'une certaine sécurité de fond que lui offrait la religion, d'un sentiment qu'il était de connivence avec l'Être suprême qui était bienveillant, qu'on appelait « le bon Dieu ». Carl Gustav Jung écrit : « Une chose est certaine : l'homme moderne – protestant ou non – a perdu la protection des remparts ecclésiastiques, si soigneusement élevés et renforcés depuis l'époque romaine, et, du fait de cette perte, l'homme s'est rapproché de la zone

---

2. Christian Vandendorpe, « L'emballement technologique », *Argument*, vol. 3, n° 1, automne 2000 - hiver 2001, p. 70.

de feu où des mondes se détruisent et se créent. La vie s'est accélérée et intensifiée. Notre monde est ébranlé et envahi par des vagues d'inquiétude et de peur[3]. » Plus que jamais, me semble-t-il, l'homme ressemble à une marionnette qui est manipulée par les fils de la publicité, des modes, du conformisme social, de la rectitude politique. L'homme actuel est un client, un consommateur, un être démuni d'intériorité, d'autonomie, un proche parent du robot. Il ressemble beaucoup à cet Allemand du temps de Hitler qui était un pur exécutant. Voici comment le décrivait Jacques Rivière qui avait été prisonnier des nazis : « Il n'est rien dans son essence, il est passagèrement ce qu'on l'informe d'être, ce qu'on lui commande d'être, ce que le fait être une consigne donnée, un enseignement reçu, une discipline observée[4]. »

Il faut reconnaître aussi que la société postmoderne soumet les hommes et les femmes à une très puissante force d'homogénéisation. Il y a dans la postmodernité une tendance à l'uniformisation, une puissance d'uniformisation, une allergie à la diversité qui sont le signe d'une réduction de l'être, d'un appauvrissement de l'être. Je vois le jeans comme l'illustration de cette tendance. Allez dans un centre commercial, regardez les gens : 75 %, peut-être plus, des promeneurs portent des jeans. Et cette

---

3. Carl Gustav Jung, *Psychologie et religion*, Buchet / Chastel, « Corrêa », 1958, p. 97.

4. Jacques Copeau, *Journal, vol. 11, 1916-1948*, Paris, Seghers, 1991, p. 607.

mode est universelle. L'homme postmoderne ne veut pas se distinguer. Il veut être comme tout le monde. Il veut se couler dans la foule. Il se voit comme un numéro. Il renonce à son identité. Chacun s'identifie à l'autre, un autre terne, imprécis, mais qu'on retrouve partout. Hubert Aquin écrit : « Plus on s'identifie à soi-même, plus on devient communicable, car c'est au fond de soi-même qu'on débouche sur l'expression[5]. » L'homme postmoderne refuse l'altérité. Il ne peut communiquer. Mais il est mal à l'aise dans sa prison. C'est pourquoi il crie tellement. Regardez la télévision.

On pourrait développer ici un certain nombre de considérations qui iraient à l'encontre du sentiment général. Les gens d'aujourd'hui parlent beaucoup de « libération ». Notre génération est « libérée ». De quoi exactement, il n'est pas facile de le savoir. Mais on peut penser que si notre génération parle tellement de « libération », c'est peut-être parce qu'elle a conscience, confusément, qu'elle est très dépendante. Nos grands-parents menaient une vie austère, exténuante bien souvent, mais ils étaient à peu près autosuffisants, alors que nous sommes dépendants des experts de toutes sortes. Si l'électricité, le chauffage, ma télévision, ma voiture, mon ordinateur, mon téléphone tombent en panne, je dois recourir à des experts, je dois m'en remettre à eux, en espérant qu'ils ne me voleront pas. Les gens à l'aise recourent à un jardinier pour

---

5. Hubert Aquin, *Blocs erratiques,* Montréal, Éditions Typo, 1998, p. 108.

organiser leur parterre, à un étudiant pour promener leur chien, à une décoratrice pour décorer leur appartement, à un traiteur pour organiser leurs réceptions. Et on pourrait étirer la liste de nos dépendances.

Le développement technologique a entraîné l'avènement d'une classe nouvelle, celle des experts, il a aussi contribué à changer notre conception de l'univers. Pour le croyant, le monde est l'œuvre de Dieu, il est habité. Comme disait le théologien Jean Daniélou, «le Verbe de Dieu est à l'œuvre dans le monde», et c'était une donnée de la théologie traditionnelle. Le monde était habité par Dieu, il racontait la «gloire de Dieu». Pour la grande masse des hommes d'aujourd'hui, le monde est «désenchanté», il est une immense mécanique. L'homme d'hier était façonné par la nature, par les grandes forces cosmiques, par les saisons... L'homme d'aujourd'hui est façonné par la mécanique, par la technique. Il ne s'agit pas de condamner quoi que ce soit, mais d'essayer de regarder la réalité en face.

De plus, ce qui, peut-être, distingue le plus l'homme d'aujourd'hui de celui d'autrefois, c'est qu'il est soumis à une quantité innombrable de messages, d'influences qui ont pour effet de le renseigner, de l'informer, mais aussi de le dissiper, de le distraire de lui-même, de l'éparpiller dans la multiplicité. Il est bombardé d'images et de connaissances hétéroclites, partielles, désarticulées qui se bousculent dans sa tête et font tellement de bruit que son intelligence ne peut plus s'adonner à la réflexion.

Il faut admettre que l'homme actuel a peur de la diversité. Il s'identifie à un modèle, ce qui lui procure une sécurité factice. Il trouve cette sécurité en se perdant dans la collectivité, dans la foule. Il s'identifie à elle. Il s'exprime en elle en gesticulant, en criant, en applaudissant. Il n'est plus alors une personne, il est un être collectif qui est bien débarrassé de ses questions personnelles, de ses angoisses personnelles. Il y a dans ce spectacle comme une caricature de la religion — je ne parle pas de la foi, je parle de la religion, de l'instinct religieux qui est dans l'homme et qui se confond souvent avec l'esprit grégaire —, comme une revanche de la religion qui est officiellement congédiée. Le sens de la communauté chrétienne n'est pas de dissoudre l'individu dans la foule, mais de mettre les personnes en communion les unes avec les autres dans ce qui les dépasse. La réunion des « croyants » n'est pas une foule mais une communauté.

Notre tendance à imiter, notre besoin d'imiter sont mis à rude épreuve dans la vie actuelle, ou plutôt ils sont fortement stimulés si l'on considère que se proposent à nous, s'imposent à nous une quantité infinie d'images, de comportements, d'attitudes, d'idées, etc. L'homme d'autrefois n'avait à se situer que par rapport aux coutumes, aux idées, aux comportements des gens de sa famille, de son village, de son quartier. Aujourd'hui, nous sommes ensevelis sous une mer de messages, de représentations, de sollicitations. C'est pourquoi l'homme d'aujourd'hui est affolé, distrait, détourné de lui-même, inconséquent, inconstant, instable, absent à lui-même, emporté par le moindre courant d'air.

Il faudrait analyser à fond l'influence de la publicité omniprésente dans les médias sur la mentalité de l'homme moderne, la force de conditionnement que constitue le discours consumériste qui s'adresse à des millions de personnes en même temps, et qui flatte leur penchant à un certain confort, aux petites satisfactions immédiates. Il ne s'agit pas ici d'information, mais de conditionnement. Si l'on ne voulait qu'informer, il suffirait qu'une annonce à la télévision, par exemple, ne revienne qu'une fois par mois. On nous ferait connaître un produit et nous pourrions, si nous le voulions, nous le procurer. Mais ce n'est pas de cela qu'il s'agit. Il s'agit d'inculquer au client distrait, au stupide client, la marque du produit, la nécessité de se procurer ce produit. Les sentiments humains, l'émotion, la compassion pour les personnages du film qu'on nous présente, cela n'a aucune importance. Ce qui est sérieux, c'est le produit qu'on nous propose, qu'on nous impose. Il y a, dans la publicité des médias, un mépris du citoyen qui est de l'ordre de la barbarie. Il ne s'agit pas de renseignement ou d'information, mais de crétinisation et d'abrutissement du spectateur citoyen. Un spectateur qu'on méprise comme être humain, qu'on ne considère que comme un consommateur. La publicité répétitive, intempestive, souvent vulgaire, grossière, est un facteur important d'avilissement, d'abrutissement des esprits. Il ne s'agit pas d'informer, mais d'imposer par la répétition un produit et avec lui une idée, une philosophie, une façon de vivre. La grande masse des citoyens n'a pas conscience de cette manipulation, mais même ceux qui en ont conscience la subissent. Et ce qui est le plus grave, c'est que cette entreprise d'abrutissement apparaît comme une réalité nécessaire, comme «la» réalité, bien plus, comme la fine pointe de la libération de l'homme et du progrès. Nous ne sommes plus au Moyen Âge, nous ne sommes plus dans la Grande Noirceur!

Il y a donc dans la modernité, dans la société moderne, un important facteur de dépossession, d'aliénation de l'homme, en ce sens que l'initiative de l'individu est dévaluée, dévalorisée. La société s'impose à l'individu. Elle l'utilise à ses fins. Si l'on considère le problème sous l'angle des médias, on peut dire qu'elle ne fait pas du citoyen un acteur mais un spectateur. Le citoyen est branché sur le petit écran. L'action se passe devant lui. Il assiste au spectacle de la société. On peut escamoter un problème, mettre en valeur une banalité, étaler la bêtise, il n'y peut rien. Regardez et fermez-la. Payez pour le spectacle, chaque fois que vous achetez le moindre objet, que vous buvez une bière... Vous êtes pris dans l'engrenage. Vous êtes amalgamé au système. L'homme postmoderne n'est pas dans le monde, il est dans la grosse patente. Il dépend de son auto, de sa télévision, de son ordinateur, de son cellulaire.

C'est ce qui explique que le sentiment de la dignité de l'homme se perd dans notre société. L'homme de la postmodernité est banalisé. Il est réduit à des fonctions. Il est au service de la production, du marché. Il n'a pas conscience de ses actes. Il ne se doute pas que s'il diffuse la vulgarité, la pornographie, la violence, la bêtise par tous les moyens que la technologie met à sa disposition, il empeste la société, il s'avilit lui-même. D'ailleurs, ce mot n'a plus de sens pour lui.

Libre, l'homme moderne ? Libéré ? Autonome ? Épanoui ? René Dubos écrit : « La vue technologique qui domine le monde actuel [...] apparaîtra à nos descendants comme une période de barbarie[6]. »

❊ ❊ ❊

La crise québécoise est une crise moderne. Elle est liée pour une part importante à la situation qui est faite à l'homme dans la modernité. Dans mon étude sur le roman québécois, j'ai décrit la façon dont notre roman perçoit l'homme actuel dans la grande ville, dans la société moderne. La façon dont le roman perçoit la relation de l'homme à la société moderne témoigne d'un profond malaise. Je donne ici quelques citations. On pourra, si l'on veut, se référer à mon ouvrage *L'évolution religieuse du Québec d'après le roman, 1940-1965*.

Dans le roman d'Eugène Cloutier, *Les témoins*, l'homme n'est qu'une partie d'une machine monstrueuse :

---

6. René Dubos, *Choisir d'être humain*, Paris, Denoël, « Méditations », 1974, p. 156.

La société dans laquelle je venais mendier un peu de liberté extérieure était devenue un monstre de métal ou l'humain ne se découvre qu'à la loupe. Les pays ont peur. Ils redoutent le jour où l'homme lui-même sera de métal…

J'ai voulu mener une vie d'homme. Du moins dans sa forme extérieure. Je n'ai réussi qu'à m'identifier insensiblement à la machine. J'avais créé la société pour moi. Et je devais jouer mon rôle d'esclave, je ne voulais pas être détruit[7].

Dans le roman d'André Duval *Le mercenaire*, le personnage, qui est un agent d'assurances, se compare à un «moteur à deux temps», une «machine humaine qui, dans un premier mouvement, émet la police d'assurance et, dans un second mouvement, en perçoit la prime». Toute son activité ressemble à une mécanique. Il n'est plus une personne, mais «un phénomène cosmique, une comète éphémère, un fragment de désintégration». Il se sent «déprimé, perdu, inutile, de trop[8]». «La répétition des mêmes gestes automatiques entraîne la monotonie, le dégoût, le sentiment du vide[9].» Dans le roman de Jacques Godbout *L'aquarium*, les êtres humains sont

---

7. Eugène Cloutier, *Les témoins*, Montréal, Cercle du Livre de France, 1953, p. 160.

8. André Duval, *Le mercenaire*, Québec, Garneau, 1961, p. 185, 211, 214, 215.

9. J.-M. Poirier, *Le prix du souvenir*, Montréal, Cercle du Livre de France, 1957, p. 51-52.

devenus des escargots, des escargots émancipés, mais la liberté subjective a perdu son sens. Plus personne ne se croit responsable, et le monde est à la dérive : « Merci pères, grands-mères, oncles et cousins de cet héritage : vous avez accouché de vermine. Comment vous en vouloir ? Oserions-nous vous reprocher ce que nous sommes ? C'est gentil, les escargots[10]. » On pourrait relever le même dégoût, le même sentiment d'aliénation dans une foule de nos romans, ce qui exprime certainement un malaise existentiel, quelle que soit la portée sociologique que l'on reconnaît à la littérature de fiction. L'écrivain ne travaille pas dans le vide ou l'abstraction. Ce qu'il crée émane d'une certaine façon de son expérience de la réalité.

✻　✻　✻

Le vide spirituel que nous trouvons dans la littérature, nous le retrouvons *a fortiori* à la télévision, et dans ses versions les plus diverses. Je pense par exemple à *Occupation double*. On ne peut mieux illustrer l'extrême futilité de la vie, le vide des conversations, des relations humaines. On ne trouve dans ce monde fermé aucune problématique, aucun sens critique, aucune conscience sociale. Pas d'inquiétude, évidemment, chez ces somnambules. Une espèce de jovialisme fait d'inconscience, d'ignorance, d'insouciance. De beaux jeunes gens qui tournent à vide, qui ne semblent pas s'apercevoir que·le monde existe.

---

10. Jacques Godbout, *L'aquarium*, Paris, Éditions du Seuil, 1962, p. 85.

L'image qui me vient à l'esprit est celle d'un aquarium, pour reprendre l'image de Jacques Godbout, dans lequel les poissons se regardent, sans plus. Cette fois, je suis d'accord avec Odile Tremblay : « Car enfin, la fascination pour les encabanés sans discours ne pouvait servir qu'une *junk food* culturelle et créa un bataillon de sous-alimentés du bonnet. La téléréalité, même pour ceux qui n'en ont pas consommé, par effet d'entraînement, sous l'odeur de l'air du temps, a contaminé nos sociétés comme la grippe H1N1[11]. »

La téléréalité est emblématique du monde que nous présente la télévision. L'homme moderne passe des heures et des heures devant le petit écran. Il assiste aux parties de baseball, de football, de hockey, de tennis, de golf, etc. Il est un spectateur. Ce qu'on lui demande, c'est d'assister, de crier, d'applaudir... Et il marche. Il crie, il applaudit. Il regarde les autres performer. Et il ressent un grand vide. L'homme actuel n'a pas d'intériorité. Il mime la mécanique. Il est absent à lui-même. C'est pourquoi le bouddhisme, qui est absence de soi, le fascine.

Pierre Vadeboncoeur a écrit que « le capitalisme a fleuri sur une culture qui ne contenait plus de parole suprême et qui par conséquent pouvait souffrir n'importe quoi[12] ». Je remplacerais, dans cette citation, le mot « capitalisme »

---

11. Odile Tremblay, « Prix citron à la téléréalité », *Le Devoir*, 31 décembre 2009.

12. Pierre Vadeboncoeur, *Un génocide en douce*, Montréal, L'Hexagone / Parti pris, 1976, p. 13, 18.

par «postmodernité», ou «modernité», ou par «la société technologique». Une société qui ne se reconnaît pas d'âme, qui ne parle plus de l'âme. Qui fonctionne comme une grosse machine qui tourne pour elle-même, qui ne se soucie pas de l'homme et qui peut à tout moment se faire sauter. C'est, paraît-il, cette réalité que chante la chanson populaire actuelle. Je lisais récemment dans le journal : «Sous des airs souvent joyeux, nos artistes chantent la perte de sens et le cul-de-sac de la surconsommation, des Colocs à Loco Locass. Une critique en forme de nostalgie du bien social évacué par notre héritage religieux[13].»

Il semble que la spiritualité se soit éclipsée de la modernité. Qu'elle se soit effacée silencieusement. C'est probablement ce qui explique la précipitation avec laquelle on a pris des décisions importantes sur le mariage des homosexuels, sur le commerce du sperme. C'est ce qui explique qu'on traite bien souvent l'avortement à la légère, comme s'il s'agissait d'une simple opération chirurgicale. Ces grandes décisions se prennent avec une espèce de légèreté, d'inconscience qui ne peuvent s'expliquer que par l'absence de dimension spirituelle, la disparition de la conscience morale.

---

13. Frédérique Doyon, «La complainte du vide intérieur», *Le Devoir*, 23 mars 2010.

3. Une crise québécoise

Jean-François Nadeau nous a donné, il y a quelques années, une biographie de Pierre Bourgault dont, il me semble, on n'a pas parlé suffisamment. Pour ma part, l'impression qui m'envahit après la lecture de ce livre, c'est celle d'une grande tristesse.

Que Bourgault ait été un homme radical, maladroit peut-être, intransigeant, impatient, j'en conviens. C'était aussi un homme extraordinaire, intelligent, un grand orateur, un être plein de grandes qualités humaines, et voilà que tout cela se dissipe dans l'anarchie, le désordre, la dissipation, la bêtise. Victime d'un monde politique qui l'exclut, Bourgault se replie dans une existence désordonnée, anarchique, qui ressemble à un suicide, qui le conduit directement à la mort. Bourgault possédait exactement le radicalisme dont avait besoin le Québec pour sortir de l'ornière, mais on l'a écarté, et il lui est arrivé ce qui arrive actuellement au Québec : une mort lente, un désengagement dégradant, un consentement à sa propre déchéance.

Le Québec actuel – j'écris ceci à l'automne 2009 – ne sait plus où il va. En fait, il ne va nulle part. Il s'en remet aux circonstances et au bon plaisir de ceux qui l'entourent, dans une inconscience illimitée. Il ne rêve plus, il n'a pas de projet, il s'amuse en attendant de disparaître de la place publique. La psychologie actuelle du peuple québécois est celle d'un peuple qui consent à sa disparition, qui accepte de disparaître, qui avale l'insulte, le mépris sans sourciller, qui ne se reconnaît pas de droits inaliénables, qui ne se considère pas comme un peuple.

Cette détresse tient pour une part au traitement que nous impose la modernité, comme je l'ai expliqué dans le chapitre précédent. Elle tient aussi pour une part aussi importante à la situation qui nous a été imposée par l'histoire et que nous ne savons pas assumer.

Guy Frégault écrivait en 1937 : « Le grand secret de notre misère c'est que nous avons perdu la faim et la soif de la liberté […]. Il fut un temps – il y a, mettons deux siècles – où les Canadiens […] étaient le peuple le plus libre de la terre, mais arrive 1760 […] il faut se soumettre. Nous nous soumettons. On finit par vivre comme on pense, n'est-ce pas ? Alors la soumission devient un esclavage intérieurement accepté[1]. » Un esclavage intérieurement accepté, une capitulation, une démission consentie,

---

1. Cité par Patrick Bourgeois, *Le Canada un État colonial*, Québec, Les Éditions du Québécois, 2006, p. 5.

le sentiment d'être condamné à disparaître. Comment en sommes-nous arrivés là ? Alors qu'une centaine de pays dans le monde ont décidé au vingtième siècle de se prendre en main, nous nous sommes résignés, nous avons capitulé une deuxième fois. C'est cette humiliation qui nous afflige et nous dégrade actuellement. Mon intention est de tenter de décrire par quels détours nous en sommes arrivés à ce fourvoiement.

❊   ❊   ❊

Pour comprendre ce qui s'est passé au Québec dans la deuxième moitié du vingtième siècle, il faut tenir compte de ce qui s'y est passé au cours des deux siècles précédents. En 1750, la Nouvelle-France était une colonie française qui n'était pas très populeuse si on la compare à sa voisine la Nouvelle-Angleterre, mais qui avait son histoire, sa culture, sa personnalité. Qu'on lise Charlevoix, par exemple, pour comprendre que déjà, au milieu du dix-huitième siècle, les « Canadiens » existaient, avaient leur langue, leur mentalité, leur culture. Lionel Groulx, dans *La naissance d'une race*, Guy Frégault, dans *La civilisation de la Nouvelle-France*, Gilles Havard et Cécile Vidal, dans leur beau livre récent publié chez Flammarion, *Histoire de l'Amérique française*, montrent bien que la Nouvelle-France, en 1760, au moment de la Conquête, était un pays qui avait sa personnalité et qui était appelé à s'affranchir, comme toutes les autres colonies des Amériques le firent à la fin du dix-huitième et au début du dix-neuvième siècle. Mais malheureusement, l'histoire ne nous fut pas favorable, et au lieu de nous affranchir de la métropole qui avait fondé la colonie, nous sommes tombés sous la domination d'une autre métropole qui n'avait ni notre langue, ni notre culture, ni notre religion et qui allait tenter par tous les moyens de nous avaler.

Certains essaient de banaliser ce drame que fut la conquête du Canada par l'Angleterre. Certains même affirment que la Conquête nous a été favorable, qu'elle nous a associés à l'émergence du peuple anglo-saxon qui allait être, selon eux, le vrai moteur de la modernité ! Comme si l'autonomie d'un peuple, son indépendance, sa souveraineté étaient moins précieuses que sa performance économique ou politique, ou comme si sa performance économique ou politique pouvait mieux se développer dans la dépendance, ou comme s'il y avait avantage à ce que les autres gèrent nos affaires à notre place.

Ce qui arriva en fait, c'est qu'en 1760, 1763, la Nouvelle-France devenait une colonie anglaise. Le pouvoir lui échappait. Elle était décapitée. Les cadres, les commerçants, l'armée, la grande bourgeoisie retournaient en France. La place était occupée par les nouveaux maîtres. En 1764, le serment du test fermait aux Canadiens, qui étaient catholiques, les postes dans l'administration, les chassait en quelque sorte de la vie publique. L'occupation militaire était suivie de l'occupation administrative. Quand, en 1774, le serment du test sera levé, les postes seront occupés et les Canadiens, marginalisés pour deux siècles. On ne parle jamais aujourd'hui de ces temps difficiles que furent ces années qui suivirent immédiatement la Conquête. Il faut lire et relire *Lendemains de conquête*, de Lionel Groulx, et *Les Canadiens après la Conquête*, de Michel Brunet, pour comprendre la situation qui était faite à nos ancêtres qui furent en quelque sorte chassés de la vie publique. Ils se replièrent sur ce qui leur restait, la famille, la paroisse, la terre. Ils étaient en quelque sorte marginalisés, chassés du pouvoir. Cela allait durer deux siècles… et je dirais : et cela dure encore.

Ce qu'il faut comprendre, c'est qu'en 1760, le peuple canadien était décapité, marginalisé. Ce qui se passa alors, et ce qui allait permettre au peuple canadien de survivre malgré l'oppression et la domination du conquérant, c'est qu'il fut pris en charge par l'Église qui allait lui permettre de durer contre vents et marées. Le pouvoir politique, l'économie étaient contrôlés par les conquérants. Le peuple canadien, que nous appelons maintenant le peuple québécois, ne contrôle pas le politique ni l'économie. En 1791, on donne au Québec, qu'on appelle le Bas-Canada, un parlement, mais le gouverneur, qui est nommé par Londres et nomme ses conseillers, n'est pas obligé de tenir compte des décisions des députés, ce qui entraîne la crise de 1837-1838, la répression brutale de l'armée et l'imposition de l'Acte d'union. En 1867, le Québec est introduit dans la Confédération sans être consulté, etc. On connaît l'histoire !

Pourtant, le Québec a « survécu », il a tenu le coup, grâce à une institution qui échappait au pouvoir politique, l'Église. On doit admettre qu'après la Conquête, nos hommes politiques n'ont pas de pouvoir réel. C'est l'Église qui prend le contrôle de la situation. Elle est présente dans la famille, elle fonde des paroisses. Elle se charge de l'éducation. Elle met sur pied des écoles, des collèges, des universités. Elle prend la responsabilité de la santé, fonde des hôpitaux. Elle s'occupe de la colonisation, participe à la fondation des syndicats, des Caisses populaires.

C'est cette action de l'Église qui permet au peuple québécois d'exister, de survivre, de durer, d'entrer dans la modernité. Vers le milieu du vingtième siècle, le Québec est devenu un peuple qui, malgré les difficultés que l'histoire lui a imposées, est capable de se prendre en main. L'Église le comprend très bien, et elle se désiste elle-même des tâches de suppléance qu'elle avait assumées. Elle remet à l'État l'éducation, la santé, elle se replie dans le champ d'activités qui est le sien, la religion, la vie spirituelle. Or, ce qui se passe alors, si on regarde la situation de façon impartiale, est assez navrant.

Au milieu du vingtième siècle se produit ce que nous appelons la Révolution tranquille. Il faut la voir comme le rendez-vous du peuple québécois avec l'histoire. Pendant deux siècles, le peuple québécois avait été dominé, le pouvoir lui avait échappé. Il avait dû se contenter de durer, de « survivre », en attendant que la situation change et lui permette de devenir plus autonome. En attendant le rendez-vous que l'histoire lui avait fixé. Ce rendez-vous, ce n'était pas la Rébellion de 1837-1838. J'ai beaucoup de respect pour les Patriotes, leur sacrifice est grand et n'a pas été inutile, mais le temps n'était pas venu pour le peuple québécois de changer. Papineau le savait très bien, et c'est pourquoi il n'approuva pas la révolte des Patriotes. On ne se bat pas contre une armée avec des fourches et des pioches. C'est au milieu du vingtième siècle que l'histoire avait donné rendez-vous au peuple québécois. Il avait alors évolué au sein des institutions politiques, il avait pris conscience de sa force, il sentait qu'il était capable de faire éclater le joug colonial qui l'écrasait. Il était porté par un souffle universel, international qui allait pousser une centaine de pays à se prendre en main, à conquérir leur liberté. Le peuple québécois comprit alors que le moment était venu pour lui de corriger la situation. Un vent de liberté souffla sur le pays. Les Félix Leclerc, Gilles Vigneault, Claude Léveillée et toute une génération d'artistes célébraient les temps nouveaux. Nos hommes politiques osaient affirmer : « Égalité ou indépendance », « Maîtres chez nous ». Le Parti québécois prit le pouvoir. Tout le monde comprenait que l'heure du Québec était arrivée, qu'il allait devenir une nation parmi les nations, qu'il allait enfin sortir de l'état de soumission que l'histoire lui avait réservé. Or, plusieurs décennies plus tard, ces rêves se sont effondrés, nous avons perdu jusqu'au goût de la liberté.

Je n'arrive pas, pour ma part, à m'expliquer de façon satisfaisante pourquoi la Révolution tranquille s'est transformée en une capitulation inconsciente qui écarte chez la majorité des Québécois tout sentiment de fierté et d'indépendance. J'en viens à me dire que ces deux siècles de soumission nous ont irrémédiablement démolis intérieurement et que nous sommes voués à disparaître.

Cet échec est, pour une part importante, la conséquence d'un malentendu historique qui n'a pas été dénoncé suffisamment et qui continue à étouffer la lucidité et à nous maintenir dans la confusion. Ce malentendu s'est développé au cours de la Révolution tranquille, et l'a paralysée ; il a paralysé la démarche d'affirmation du peuple québécois et lui a fait manquer le rendez-vous que l'histoire lui avait fixé. Pour comprendre le marasme actuel, il faut essayer de comprendre les raisons de l'échec de la Révolution tranquille et dissiper le malentendu qui, encore aujourd'hui, fausse le regard critique et rend impossible la lucidité.

❊   ❊   ❊

Si j'essaie de m'expliquer pourquoi la Révolution tranquille a échoué, je vois deux causes à cet échec : le manque de détermination de nos hommes politiques et la profondeur de notre aliénation nationale.

Il me semble évident que nos hommes politiques n'ont pas été à la hauteur de la situation. La majorité des Québécois étaient prêts à faire l'indépendance, mais ils ont été mal défendus par leurs hommes politiques. Par les libéraux, d'abord, qui se sont opposés à l'indépendance de façon malhonnête en mentant aux Québécois. Il faut relire les livres de Jean-François Lisée pour constater que Bourassa a menti aux Québécois. Il les a trompés avec le plus grand mépris. Et Trudeau en a fait autant. Et il faut admettre que le Parti québécois a manqué de détermination, de combativité. On sait que René Lévesque était opposé à la loi 101. Il n'avait pas la détermination qu'un premier ministre aurait dû avoir pour faire l'indépendance. Au lendemain du rapatriement unilatéral de la Constitution en 1982, il fallait, avec l'appui unanime de l'Assemblée nationale, refuser le régime qu'Ottawa nous imposait et porter la cause devant la société internationale. Au lieu de cela, on courbe l'échine, on se résigne, on capitule. Jacques Parizeau en fera autant au moment du référendum de 1995. Les gens que nous avons nommés à la tête du pays pour le défendre nous ont trahis. Ils ont capitulé une nouvelle fois. L'histoire du Québec, depuis 1960, est celle d'une nouvelle capitulation. Nous avions besoin d'hommes politiques combatifs, nous avons eu des gestionnaires. On pourrait, pendant des pages et des pages, décrire cette longue démission. Nos hommes politiques ne semblaient pas avoir conscience de la véritable situation dans laquelle nous nous trouvions. Ils ne s'apercevaient pas qu'ils avaient devant eux un adversaire déterminé. Hubert Guindon écrit : «Je pense que nous n'avons pas du tout "fait nos classes". Nous n'avons pas appris que l'Angleterre n'a jamais rien cédé, et ce sont les fils de l'Angleterre que nous avons en face de nous[2]. »

La Révolution tranquille était donc un acte d'affirmation politique face à une situation d'oppression léguée par l'histoire et cet acte d'affirmation a échoué. Pourtant, depuis un siècle, une centaine de pays ont fait leur indépendance. Pourquoi n'avons-nous pas réussi cette opération ? Nos hommes politiques ont manqué de détermination, dis-je, mais pourquoi se sont-ils comportés de cette façon ? Et pourquoi le peuple québécois s'est-il résigné et a-t-il accepté cette nouvelle capitulation ? Je ne m'explique pas de façon satisfaisante un tel comportement, mais ce que je constate, c'est que l'aliénation nationale du peuple québécois est très profonde, elle a enlevé à ce peuple toute confiance en lui-même, elle a pris la forme d'un refus de soi qui a parfois l'apparence d'un suicide. Le peuple québécois est dominé, et parce que ses droits ne sont pas respectés, il finit par penser qu'il n'en a pas, il finit par adopter la philosophie de celui qui le domine, il finit par n'exister que par procuration, que dans la mesure où l'autre le lui permet. Georges Bernanos a exprimé de façon magistrale cette dépersonnalisation de l'être dominé : « Il y a une morale de la force, une éthique, une esthétique et même une mystique de la force. Le plus puissant recours que le Fort ait contre le Faible n'est pas de

---

2. « L'insoumission sociologique. Rencontre avec Hubert Guindon », propos recueillis par Stéphane Stapinsky, *Les Cahiers d'histoire du Québec au XXe siècle*, n° 8, automne 1997, p. 206.

le contraindre, c'est de le faire douter de son droit[3]. » Faire douter de son droit et de son être même. Et je dirais que le peuple vaincu, dominé, finit non seulement par douter de lui-même, mais par se refuser lui-même.

Comme l'expliquent les penseurs qui, au milieu du vingtième siècle, ont formulé la pensée qui portait le mouvement de la décolonisation — je pense à Jacques Berque, Albert Memmi, Frantz Fanon, Jean-Paul Sartre et les autres —, le colonisé intériorise le regard que porte sur lui le conquérant, le dominateur, et se déprécie à ses propres yeux. Il se voit comme un vaincu, donc un être inférieur, méprisable, qui a tout intérêt à se détourner de lui-même, à s'en remettre à l'autre. Je ne m'explique pas autrement le comportement des Québécois depuis le milieu du vingtième siècle.

C'est pourquoi l'on vit alors plusieurs de nos intellectuels, qui se présentaient comme les hérauts de la nouvelle culture, des libérations, de la postmodernité, de la civilisation post-morale, instituer le procès du Québec traditionnel, de l'Église, du catholicisme. On entendit Michel Tremblay proclamer que le catholicisme était responsable de toutes nos misères au Québec, Jacques Godbout déclarer que les évêques avaient « décervelé » les Québécois, Jean-Claude Germain affirmer que l'Église se refusait à ce qu'on étende les bienfaits de l'éducation à l'ensemble de la population, et on pourrait dresser la très longue liste

---

3. Georges Bernanos, *Œuvres et écrits de combats*, Paris, Gallimard, « La Pléiade », vol. 1, 1971, p. 698.

de tous ces faux prophètes, ces prophètes de la démission, de l'autoflagellation, de la capitulation qui ont occupé les médias et l'enseignement secondaire et collégial pendant des décennies, avec le résultat que les Québécois sont confondus, désarmés, perplexes, ayant perdu confiance en eux-mêmes, ne sachant plus qui ils sont. Ces intellectuels qui se pensent des libérateurs sont en réalité des esprits colonisés qui fondent leur démarche de réflexion sur le refus de leur propre identité. Julien Benda a parlé de la trahison des intellectuels, qu'il appelle des « clercs ». Nous l'avons connue, au Québec, cette trahison de la grande majorité de nos intellectuels, de nos écrivains, des hommes politiques. Ces derniers auraient pu renverser le courant, ils n'ont pas osé. Les uns – comme Trudeau et les Colombes – sont passés du côté d'Ottawa et ont resserré le fer sur le Québec. D'autres, qui ont milité au Québec, n'ont pas été à la hauteur de la situation, se sont soumis aux circonstances, et le Québec a manqué son rendez-vous avec l'histoire.

❊ ❊ ❊

Tout le monde n'est pas d'accord avec l'interprétation de l'échec de la Révolution tranquille que je propose. Michael Gauvreau, avec *Les origines catholiques de la Révolution tranquille*, nous a donné un ouvrage très documenté, presque une encyclopédie. On peut n'être pas d'accord avec l'interprétation qu'il donne des faits qu'il rapporte et analyse, on ne peut que reconnaître l'ampleur de sa démarche et la qualité de la documentation qu'il soumet à notre réflexion.

Si je comprends bien, le Québec, vers le milieu du vingtième siècle, était devenu une société sclérosée, paralysée par une religion routinière qui n'était qu'hypocrisie, ritualisme, une religion toute sociologique qui n'avait aucune dimension spirituelle. C'est alors que des intellectuels catholiques comme Gérard Pelletier, Pierre Elliot Trudeau et plusieurs autres se firent les prophètes, dans la coulée du personnalisme français, d'une forme de christianisme supérieur très méprisant à l'égard du pauvre peuple ignare. Selon eux, « le christianisme intégral ne se rencontrait que chez une petite élite qui, dans sa vie quotidienne, pouvait donner l'exemple tout en maintenant très élevé son niveau d'engagement et son sens du devoir dans le cheminement de l'histoire. Ceux-là seuls constituaient la communauté chrétienne authentique[4] ».

Dans leur critique du christianisme et du conservatisme de la société traditionnelle, ces intellectuels étaient aussi catégoriques, et même aussi dogmatiques que les clercs qu'ils dénonçaient. Si je comprends bien l'auteur, la Révolution tranquille serait née de l'affrontement de ces deux mentalités religieuses, l'une populaire, traditionnelle, conservatrice, l'autre critique, élitiste, moderne ! Le débat

---

4. Michael Gauvreau, *Les origines catholiques de la Révolution tranquille*, Montréal, Fides, 2008, p. 53.

ainsi engagé porte sur la pratique religieuse, la conscience sociale, la famille, la révolution sexuelle, la laïcité, etc.

Dans cette profonde mise en question de la société québécoise, le personnalisme français a certes joué un rôle important, mais il me semble bien que l'auteur en exagère la portée. La Révolution tranquille, à mon avis, est l'effet d'une prise de conscience nouvelle du Canada français occasionnée par le passage de la société traditionnelle à la société industrielle, et par le vaste mouvement de décolonisation qui affecte à ce moment la communauté internationale. Vers le milieu du siècle, c'est une centaine de pays qui accèdent à l'indépendance dans le monde, et il faut bien admettre que l'écho de ces perturbations était très ressenti au Québec. Ces événements provoquèrent une prise de conscience qui entraîna une démarche d'affirmation nationale du Québec qui subissait la domination du conquérant depuis deux siècles. Quand on considère l'histoire du Québec dans cette perspective, d'ailleurs, on ne peut s'empêcher de penser que nos prophètes « personnalistes » qui dénonçaient les travers de la société québécoise étaient eux-mêmes fortement habités par un esprit colonisé qui les portait à mépriser le peuple auquel ils appartenaient. Ils parlaient de lucidité critique, ils se croyaient autonomes. Mais ils se voyaient en réalité dans l'œil du conquérant. Ils ne comprenaient pas que le moment était venu de passer de la résistance à l'affirmation. C'était une grave erreur que de rejeter avec les stratégies de résistance ce qu'on avait préservé par ces stratégies.

Jean-Charles Falardeau déclarait, en 1953 que l'enjeu principal du Canada français était «l'indissolubilité historique de la culture canadienne-française et de la religion catholique». C'était là le premier fondement de notre «identité collective». Or, nous avons réussi, dans le processus de la Révolution tranquille, à tellement caricaturer cette identité que nous ne nous reconnaissons plus, ce qui explique pour une part et le vide spirituel du Québec actuel, et la faiblesse de l'affirmation nationale. Ce que je reprocherais à ce qu'on appelle le personnalisme québécois, c'est de n'avoir pas compris que le destin spirituel du Québec était et est encore indissociable de son affirmation nationale.

❖ ❖ ❖

Ce qui constitue la tâche intellectuelle la plus urgente au Québec, actuellement, c'est d'amener le peuple québécois à cesser de se refuser lui-même, de refuser son identité, de refuser son histoire, de se comporter en peuple colonisé.

Le premier pas vers l'indépendance consiste à s'accepter soi-même. À refuser les représentations de nous qu'on nous a infligées. Nous ne sommes des vaincus que dans la mesure où nous acceptons de l'être. Nous ne pouvons mener le combat de l'indépendance que dans la mesure où nous nous reconnaissons des droits qui découlent de notre identité, de notre être. Nous sommes de culture canadienne, française, catholique. Quand je dis «catholique», ici, je ne parle pas de foi, mais de culture. Tout peuple a un fonds culturel, religieux, dans lequel s'enracinent la vie quotidienne, les traditions, les mœurs. Que serait l'Inde sans l'hindouisme, les Amérindiens sans leurs traditions, leurs mythes? Que seraient les mondes grec et romain anciens sans leur mythologie? Vous ne pouvez penser les Québécois sans considérer leur histoire religieuse, sans tenir compte de leur culture qui est façonnée par le catholicisme.

Or, ce que nous constatons, dans le processus de la Révolution tranquille, c'est que le colonisé québécois qui se refuse lui-même, comme tout colonisé, refuse son héritage catholique, sa culture catholique, ce qui a le plus contribué à façonner son identité. Et comme l'Église a joué dans l'histoire et la culture du Québec un rôle important, on en a fait, comme dit la Commission Dumont, le bouc émissaire de toutes nos tribulations. Je ne peux m'empêcher de citer un passage de cet ouvrage qui remet bien des choses à leur place : «La faiblesse d'un tel procédé, outre le fait qu'il répond beaucoup plus aux impulsions de l'affectivité qu'aux exigences critiques de l'intelligence, c'est qu'il accepte au départ deux postulats : notre passé est honteux ; l'Église est responsable de ce passé que nous renions. Or nous voyons mal en quoi il est honteux pour une collectivité d'avoir été opprimée plutôt que colonisatrice, d'avoir patiemment et progressivement résisté à l'exploitation plutôt que de s'y être livrée, d'avoir subi l'injustice plutôt que d'en avoir fait supporter aux autres le poids. Quant au rôle de l'Église, une investigation un peu attentive nous force à dresser un bilan positif de son activité, ce qui ne nie d'aucune façon des lacunes sur lesquelles nous avons insisté[5] [...]»

C'est notre mentalité de colonisés qui nous porte à nous flageller, à nous accuser des déboires que «l'autre» nous a fait subir. Il y a quelques années, je regardais à la télévision une émission sur les Patriotes. À entendre ce qu'on nous y disait, on devait penser que les responsables de l'échec des Patriotes, c'étaient l'évêque de Montréal, l'Église, le clergé. Je ne dis pas que dans ces circonstances, la conduite du haut clergé a été irréprochable, mais les vrais responsables des malheurs qui ont frappé le Québec dans ces moments tragiques, c'étaient d'abord le gouverneur nommé par Londres et ceux de l'exécutif nommés par le gouverneur, qui ne respectaient pas les décisions ou les avis de la Chambre qui était majoritairement «canadienne». C'était le gouverneur Gosford, le général Colborne, les gens du Doric Club qui provoquaient les «Canadiens». On parlait très peu du saccage des villages par l'armée, de la bataille de Saint-Eustache.

Dans les années 1965-1970, j'étais à l'université. Je me rappelle avec quelle agressivité des militants québécois évoquaient la conduite de l'évêque de Montréal, Mgr Bourget. À les entendre, c'était un traître, l'ennemi juré des Québécois, l'ennemi juré du Québec. Or, des

---

5. Voir Commission d'étude sur les laïcs et l'Église, *L'Église du Québec, un héritage, un projet*, Fides 1971, p. 41.

études récentes nous donnent une vue beaucoup plus nuancée du personnage et de son action. Roberto Perin, dans son livre *Ignace de Montréal, artisan d'une identité nationale* (Boréal, 2008), nous donne de Mgr Bourget qui devient évêque de Montréal en 1840, l'année de la promulgation de l'Acte d'Union, le portrait d'un homme d'envergure qui saura mettre un frein aux ambitions tyranniques de Lord Durham et à la politique assimilatrice des Canadiens français de l'Acte d'Union. Interviewé par Jean-François Laniel, Roberto Perin affirme : « Bourget est une figure capitale dans l'histoire du Québec et du Canada français. L'urgence de redéfinir l'identité canadienne-française à la suite de l'échec des Insurrections de 1837-1838 s'imposait d'abord parce que l'Union des Canadas signifiait la mise en minorité politique et nationale des Canadiens français et ensuite parce que les processus irréversibles d'industrialisation et d'urbanisation demeureraient fermement sous contrôle britannique [...] Bourget est l'artisan d'une culture qui se fortifie, s'amplifie et s'épanouit à travers le temps et l'espace. C'est grâce à cette culture riche et forte que le virage initié par la Révolution tranquille a pu s'effectuer[6]. »

Au moment de la Révolution tranquille, on a fait de l'histoire une lecture souvent masochiste. Tout était prétexte à nous accuser, à nous culpabiliser. On est allé jusqu'à

---

6. Compte rendu du livre de Roberto Perin, *Ignace de Montréal, artisan d'une identité nationale*, par Jean-François Laniel, « L'Église nation », *Les Cahiers de lecture de l'Action nationale*, vol. III, n° 2, printemps 2009, p. 20.

écrire que l'Église était contre l'éducation, ce qui est le comble de la bêtise, car non seulement l'Église a fondé des collèges classiques et des universités, mais, pour ne donner qu'un exemple, ce sont des religieuses, les sœurs de Sainte-Croix, qui ont dispensé l'enseignement primaire dans presque toutes les écoles des Laurentides. Il faudrait relever le travail de toutes les communautés enseignantes par tout le Québec.

On reproche aussi à l'Église d'avoir été «agriculturiste», d'avoir entretenu une méfiance vis-à-vis de l'avènement de la société industrielle. Or, ce qu'il faut reconnaître, c'est que cette méfiance n'était pas partagée seulement par l'Église. Elle était partout dans la littérature au début du siècle. Elle était très répandue en France, comme l'explique Jean-Claude Guillebaud[7] et tant d'autres. Le clergé était souvent critique à l'endroit de la modernité, mais il n'était pas le seul. Ce n'était pas un curé, mais le juge de Montigny qui disait, au début du vingtième siècle, qu'il fallait guider la jeunesse «pour qu'elle ne dévie pas du droit chemin et qu'elle ne se laisse point éblouir par les brillantes théories du siècle qui sont mauvaises.[8]»

La société québécoise d'hier était cléricale. L'Église était partout. Comment le lui reprocher? Elle occupait une place vide. Le pouvoir étant dans les mains des «autres»,

7. Jean-Claude Guillebaud, *Le principe d'humanité*, Paris, Seuil, 2001, p. 282.

8. Micheline Cambron, *La vie culturelle à Montréal vers 1900*, Montréal, Fides, 2005, p. 137.

son abstention aurait été catastrophique. Les Anglais qui parlaient avec mépris de la *priest-ridden province* auraient dû comprendre que c'étaient eux qui provoquaient cette situation en occupant en conquérants le champ politique et financier.

Les ennemis de l'indépendance, ce ne sont pas l'Église, le clergé. Dans la critique de l'Église, du clergé, il y a une bonne part d'autoflagellation. C'est la culpabilité du colonisé qui s'exprime. Cette attitude est une forme de refus de soi, de notre identité, ce qui est démobilisant.

Il y a beaucoup de masochisme dans le procès du catholicisme que dressent les Québécois. Hubert Guindon parle d'hypocrisie. Il évoque même des procédés inquisitoriaux : « Les hypocrites, ce sont les médias, si nobles, si désintéressés, qui se mettent en chasse des vieux frères pour des incidents qui sont arrivés dans les écoles il y a soixante ans avec une indignation aussi affreuse que celle de n'importe quel membre de l'Inquisition[9]. »

Notre esprit colonisé fausse notre analyse de la réalité et notre considération de l'histoire. Nous nous projetons dans notre regard, nous projetons notre malaise dans l'analyse de la situation qui nous est imposée. Et ce transfert est porté par un conformisme accablant, une rectitude politique asphyxiante, qui paralyse l'esprit critique. C'est ma conviction que les médias modernes, au lieu de contribuer à l'intelligence de ce qui se passe, provoquent un effet de mimétisme qui paralyse la lucidité et la réflexion. Nous

---

9. *Les Cahiers d'histoire du Québec au XXe siècle, op. cit*, p. 204.

habitons un Québec qui ne se reconnaît pas de place dans la société et dans l'histoire. Le nationalisme des années soixante, écrit Jacques Beauchemin, ne se fonda pas «sur l'idée d'un legs, mais sur celle d'une rupture». Le Québec est habité par une «mauvaise conscience qui s'exprime dans un refus de soi[10]». Il essaie de s'assumer en se niant. Ou plutôt, on pourrait dire : il construit son avenir en se refusant lui-même. C'est pourquoi, d'ailleurs, il ne veut plus rien savoir de son histoire, c'est-à-dire de ce qu'il est, de ce qui l'a fait ce qu'il est.

C'est l'histoire qui, pour une part importante, donne à un peuple son identité. Or, les Québécois ont chassé l'histoire de l'éducation, de leurs préoccupations, de leur vie.

C'est parce qu'ils se refusent eux-mêmes que les Québécois maculent obstinément l'expression même de leur identité, la langue. Ils ne se reconnaissent plus dans la langue française qu'ils souillent, déforment, caricaturent, massacrent tant qu'ils peuvent en lui substituant un jargon d'innocent attardé.

C'est encore parce qu'ils se refusent eux-mêmes qu'ils tentent de nier cette dimension de leur vie, de leur culture et de leur héritage qui s'appelle le catholicisme. L'attitude de la majorité des Québécois face au catholicisme est faite de honte, de préjugés, de culpabilité et d'ignorance, une ignorance qui confine à la bêtise.

---

10. Jacques Beauchemin, «Dire Nous au Québec», *Bulletin d'histoire politique*, vol. 11, n° 2, hiver 2003, p. 154, 155.

La fascination de beaucoup de Québécois pour les États-Unis tient pour une part au refus d'eux-mêmes, à leur manque de fierté, à la conviction qu'ils ne valent rien et que les autres ont tout. Comment, dans cette conjoncture, peuvent-ils relever les défis de l'histoire et assumer les engagements que leur impose la condition humaine? Fernand Dumont écrit: «Quoi qu'il arrive, le destin du peuple québécois restera périlleux [...] il faudra nous réconcilier avec notre passé. Pas plus dans la vie collective que dans la vie personnelle, on ne devient adulte en s'acharnant contre son existence antérieure[11].» Et comme l'écrit Grand-maison, on ne s'invente pas une identité à partir de rien.

L'indépendance, il va de soi, ne réglerait pas tout, mais pour un peuple comme pour un individu, elle est un préalable, une condition indispensable de la liberté intérieure.

❊   ❊   ❊

Faut-il désespérer du Québec? La démission actuelle est-elle définitive? Je ne vois pas comment nous pourrions sortir du cul-de-sac dans lequel nous étouffons. Ce ne sont certainement pas les médias qui vont nous extirper de la grande foire de la consommation. Ce ne sont pas non plus les placotages de nos hommes politiques qui vont arracher le peuple québécois à la léthargie qui l'affecte actuellement et le maintient dans une inconscience abyssale. Il

---

11. Fernand Dumont, *Le sort de la culture*, Montréal, L'Hexagone, «Positions philosophiques», 1987, p. 245.

est troublant de le constater, mais les grands mouvements de libération de notre époque ont été effectués moins par des mobilisations populaires que par des personnalités providentielles. Je pense à Gandhi, à Mandela, à de Gaulle, à Churchill… Si Trudeau avait été indépendantiste, le Québec serait indépendant depuis longtemps. J'aurais aimé que la cause de l'indépendance du Québec soit défendue avec autant de détermination que l'a été l'option fédéraliste. Les leaders de l'option indépendantiste ont manqué de conviction, de détermination. Ils ont tous démissionné au moment où il fallait passer à l'action. Et depuis ce temps, le discours indépendantiste se perd dans le sable de l'actualité. Je ne peux plus supporter le discours des politiciens péquistes actuels. Je pense à Parizeau, à Facal, à Le Hir, à Marois, à Landry, etc. Ce que j'attends d'eux, ce n'est pas qu'ils me parlent de l'indépendance, c'est qu'ils la fassent.

Or, en attendant, les Québécois vivent dans un vide national délitescent. Un vide national avilissant, déshonorant qui enlève aux Québécois le sentiment de la dignité et de l'honneur. On pourrait rendre compte de ce désastre de la façon suivante.

Le catholicisme est indissociable de l'histoire du Québec. Il est, comme l'affirment les sociologues Lemire et Montminy, la « matrice culturelle[12] » de la société québécoise. Dans le processus de la Révolution tranquille,

---

12. Lemire et Montminy, *Le catholicisme québécois*, Editions de l'IQRC, Presses de l'Université Laval, 2000, p. 17.

il a subi le même sort que l'histoire, c'est-à-dire qu'on a tenté par tous les moyens de l'expédier dans les limbes, on a tenté de s'en dissocier comme s'il avait été responsable de toutes nos dérélictions.

Cette opération était désastreuse car elle s'attaquait directement à l'identité spirituelle du Québécois, à ce qui avait, depuis des siècles, inspiré sa culture, son sentiment collectif, sa spiritualité. Au terme du processus, le Québécois se retrouverait démuni, désarmé, perplexe face à lui-même, dépossédé de son âme et de ses rêves, des raisons premières qui fondent l'existence. Cette crise n'était pas étrangère à celle qui secouait l'Occident chrétien, mais elle prenait chez nous des proportions exceptionnelles parce qu'elle était associée aux effets délétères d'une expérience deux fois séculaire d'aliénation nationale.

Le sens de la Révolution tranquille, si on la considère par rapport à notre héritage religieux, était de mettre fin à l'époque pendant laquelle, en l'absence d'un véritable État québécois, l'Église avait joué un rôle de suppléance en assurant en quelque sorte le leadership du peuple québécois. La Révolution tranquille signifiait que le peuple québécois s'en remettait maintenant à l'État, que l'État assumait son rôle et délestait l'Église des charges qu'elle avait assumées temporairement. Cette évolution, foncièrement, ne s'est pas faite contre l'Église, elle a au contraire été encouragée et provoquée pour une bonne part par l'Église. Il est étrange que la société québécoise, au lieu d'être reconnaissante à celle qui l'avait aidée à traverser deux siècles de résistance lui en ait plutôt fait grief. Exprimons-nous autrement. La Révolution tranquille marquait la fin d'une époque et instaurait le début d'une autre époque. Elle mettait fin à une société cléricale et établissait une société civile dans laquelle les pouvoirs temporels et spirituels auraient leur champ particulier. La société québécoise était décléricalisée, ce qui était voulu et par l'Église et par l'État. Mais la confusion a enveloppé le processus, et la décléricalisation, dans l'emballement révolutionnaire, s'est muée bien souvent en anticléricalisme, puis en antireligion, puis en antichristianisme. Ce n'est pas la première fois que des mouvements révolutionnaires se dissolvent dans le désordre et, au lieu d'être fidèles à l'inspiration qui les avait déclenchés, se perdent dans la grisaille. Mais la vraie révolution, dit Péguy, n'est pas un refus de soi ou du passé, elle est une opération de renouvellement, une opération qui ne détruit pas mais qui fonde.

Ce n'est pas le lieu d'approfondir cette réflexion, mais d'indiquer plutôt ce qui permettra à l'impulsion centrale de la Révolution tranquille de se déployer et de donner les fruits qu'on en attend. Je veux dire que nous devons nous efforcer d'entretenir une attitude critique saine face à la société québécoise. Il faut pratiquer la lucidité et éviter les clichés et les jugements sommaires sur notre histoire, notre identité catholique. « En phase de défrustration et de libérations collectives, lit-on dans le rapport Dumont, *L'Église du Québec, un héritage, un projet*, la satisfaction est grande de pouvoir désigner du doigt l'odieux d'un passé dont on a honte[13]. » Et on ajoute plus loin : « Nous voyons mal en quoi il est honteux pour une collectivité d'avoir été opprimée plutôt que colonisatrice, d'avoir patiemment et progressivement résisté à l'exploitation plutôt que de s'y être livrée, d'avoir subi l'injustice plutôt que d'en avoir fait supporter aux autres le poids. » Il ne faut pas nous punir de ce que l'autre nous a fait subir.

Le discours québécois sur notre passé religieux véhiculé par certains médias, porté par le conformisme ou ce qu'on appelle la rectitude politique, est souvent dogmatique, sans nuances, vindicatif. Au lieu de tenter de comprendre le sens d'une expérience collective séculaire, de la mettre en perspective, on se fixe sur des cas individuels, de petites et de grandes misères, comme si on voulait se donner bonne conscience de se mutiler et de se déprécier.

On pourrait dire des Québécois ce que disait Bernanos des Français au lendemain de Munich : « Il faut lui refaire une conscience à ce peuple humilié, pour qu'il se puisse légitimement estimer ; il faut lui rendre l'estime de soi. Comment s'estimerait-il dans des gouvernements qu'il méprise et dont il a honte[14] ? » Les Québécois avaient placé une confiance illimitée en Lévesque, Bouchard, Parizeau. Au moment où il fallait relever le défi, se tenir debout, ils ont rampé, ils se sont abstenus.

---

13. Commission d'étude sur les laïcs et l'Église, *L'Église du Québec, un héritage, un projet*, Fides, 1971, p. 71.

14. Georges Bernanos, *Essais et écrits*, « La Pléiade », p. 1543-1544.

Dans *La mort de Virgile*, Hermann Broch fait dire à Auguste : «dans le sentiment de la victoire, les masses se soudent pour faire un peuple[15]». Dans le sentiment de la défaite, l'individu se replie sur lui-même, cultive l'aigreur et le ressentiment, un ressentiment qui va jusqu'au refus de soi, jusqu'au mépris de l'existence. La frustration empoisonne tout. Elle provoque une démission qui prend les formes les plus diverses. C'est ma conviction que la crise spirituelle que traverse le Québec est liée pour une part à la conjoncture nationale. Quand l'avenir est bouché, il est difficile de l'envisager avec enthousiasme, il est difficile d'avoir le goût de vivre. Ce qui est vécu par la collectivité est vécu par chaque individu dans son for intérieur.

---

15. Hermann Broch, *La mort de Virgile*, Paris, Gallimard, «L'Imaginaire», 1955, p. 333.

4. La marche du temps

C'est habité par le sentiment profond de la non-pertinence, de l'inutilité de la pensée dans le monde actuel que j'entreprends la rédaction de ce chapitre. Notre monde ne s'intéresse pas à la pensée, mais à la gestion, à la consommation, au spectacle. Il ne s'intéresse pas à ce qui se passe dans les couches souterraines de l'histoire, à ce qui se prépare dans les grands mouvements de la civilisation. Il est dans l'instant, dans l'actualité, dans la dernière nouveauté, et il ne se soucie pas de ce qui adviendra de toutes ces activités hétéroclites. Déjà, au dix-septième siècle, Pascal affirmait que l'homme était aveuglé par son amour-propre et vivait dans le mensonge. Il pratiquait le divertissement, c'est à-dire qu'il se détournait de lui-même pour ne pas avoir à se poser de questions. Notre société moderne a poussé encore plus loin que les sociétés d'autrefois l'activité de divertissement, comme si elle renonçait le plus possible à s'interroger sur le sens de sa présence dans l'Univers.

Quand je réfléchis à ces questions, je ne peux m'empêcher de penser à la parole du Christ : «Les hommes ont
des yeux et ils ne voient pas, ils ont des oreilles et ils n'entendent pas», comme si nous passions à côté de la réalité,
comme si nous n'avions pas conscience de ce qui se passe
et que nous ne nous en préoccupions nullement. Il parle
aussi de Satan, prince du mensonge (Jean, 8, 44), d'une
force qui trouble notre regard.

Je serais porté à penser que la société actuelle semble
effectuer un retour à l'ère primitive. L'homme primitif
était immergé dans le cosmos. Il sentait une puissance
dans le vent, dans la vie sous toutes ses formes. Il baignait
dans une certaine forme de sacré. La révélation mosaïque
avait opéré une véritable révolution. Elle avait appris à
l'homme que Dieu est transcendant. Il a créé le monde,
mais il est distinct du monde. Et c'est ce qui fonde la
liberté humaine, l'autonomie de l'homme. C'est ce que
Gauchet appelle la sortie de la religion. Tout cela explique
que dans l'Ancien Testament, l'idolâtrie est condamnée
sous toutes ses formes. Seul Yahvé est Dieu.

Cette perception de la réalité se poursuit dans le christianisme. Mais cette fois, Dieu est à la fois transcendant
et immanent. La perte de la foi, c'est le refus de Dieu,
Être transcendant. L'homme actuel retourne en quelque
sorte au stade primitif. Il est immergé dans l'Univers. Il est
panthéiste d'une nouvelle façon. Il met la religion dans
tout ce qu'il voit. Cette religion, c'est celle des vedettes,
de la consommation, du sport, de la mécanique, de la

nouveauté, des gadgets. Une espèce de panthéisme vague qui n'est au fond qu'un ersatz de religion. Une religion, si l'on peut employer ce mot, qui est la négation même du spirituel. Une religion qui s'apparente à l'idolâtrie que combattaient les prophètes. D'ailleurs, beaucoup de gens, en parlant de certaines vedettes, de leurs athlètes préférés, les appellent leurs idoles.

Une nouvelle religion, donc, qui est une forme d'aliénation dans le cosmos, et qui est aggravée chez nous par une forte aliénation nationale ponctuée d'un morbide refus de soi. Ce sont là, me semble-t-il, les différents aspects du vide spirituel dans lequel se meut le Québécois en ce début du vingt et unième siècle.

* * *

Il faut aller plus loin dans l'analyse de cette crise spirituelle, dans l'analyse de l'affaissement, dans notre société, de ce que Péguy appelait l'« appétit métaphysique ». C'est ce à quoi pensait Henri Bergson quand il affirmait que notre société avait besoin d'un « supplément d'âme ».

Il faut rappeler que la crise spirituelle que nous connaissons ne concerne pas seulement les religions, elle affecte tout autant la culture, ou émane de la situation de la culture. Il ne faut pas, par exemple, dissocier la crise de l'éducation actuelle de la crise spirituelle que connaît le Québec. L'éducation a une dimension spirituelle. Une éducation qui n'a pas cette dimension spirituelle est un dressage, une trahison de l'être humain, une profanation de la jeunesse. Le monde actuel n'entend plus Rimbaud qui écrivait : « J'attends Dieu avec gourmandise… – Je vois que la nature n'est qu'un spectacle de bonté… – Le monde est bon, je bénirai la vie… Dieu fait ma force et je prie Dieu. » Il n'entend pas le cri de Baudelaire : « J'implore ta pitié, Toi, l'unique que j'aime. »

Est-ce par inclination existentielle que l'homme actuel agit de cette façon, ou par soumission à la rectitude politique ? Ma conviction, c'est que la rectitude politique est plus forte que jamais, du fait du mimétisme qu'engendrent les médias. Une rectitude politique qui est en réalité la forme moderne de la censure. On s'imagine que la censure n'existe plus à notre époque, mais elle est plus forte que jamais, surtout parce qu'on nous fait croire qu'elle n'existe pas, qu'elle est du domaine du passé.

Je ne reviens pas sur l'idée exposée dans les pages précédentes selon laquelle la technologie, la merveilleuse technologie, impose à l'homme ses lois et ses exigences, ni sur celle de la transformation de la société en un marché global qui soumet les relations humaines à ses intérêts irréfragables. Je rappelle cependant que Baudelaire avait prévu qu'avec l'avènement de la modernité, l'esprit « serait mécanisé », les cœurs avilis[1]. Je voudrais relever d'autres aspects de la crise spirituelle que nous traversons, d'autres facteurs qui en rendent compte jusqu'à un certain point.

---

1. Charles Baudelaire, *Œuvres complètes*, « La Pléiade », 1954, p. 768.

❀ ❀ ❀

Il y aurait beaucoup à dire sur les problèmes provoqués par le développement de la spécialisation à notre époque. Il va de soi que la spécialisation est excellente, qu'elle est nécessaire, à cause du développement illimité des connaissances. Nous ne sommes plus au temps de Pic de la Mirandole, qui, paraît-il, possédait toutes les connaissances de son époque et s'était même prêté à un examen portant sur tous les sujets possibles. La spécialisation, de nos jours, est nécessaire, mais nous en usons de façon peut-être maladroite ou même irresponsable.

La spécialisation, par définition, signifie que l'on se cantonne dans un secteur du savoir. Autrefois, par exemple, on ne distinguait pas très bien la philosophie et la théologie. Depuis le treizième siècle, cette distinction s'est imposée. Le philosophe, dans sa démarche de réflexion, recourt aux lumières de la raison. Le théologien recourt à la Révélation. Et chaque science a ses règles, ses principes, et cela est certes un acquis de la culture, de la vie intellectuelle. La spécialisation, pourtant, entraîne certains problèmes et il est loin d'être sûr que nous savons les résoudre équitablement. La spécialisation, et cela est presque iné vitable, entraîne une « parcellisation du savoir », comme l'ont expliqué Edgard Morin et Michel Serres et, à leur suite, Jean-Claude Guillebaud[2]. Le spécialiste se confine

2. Voir Jean-Claude Guillebaud, *Comment je suis redevenu chrétien*, Paris, Albin Michel, 2007, p. 42.

dans sa méthode, dans les règles de sa discipline et risque, s'il n'est pas attentif, de considérer la réalité de façon tronquée. Pour le sociologue, l'homme est un chaînon de la société. Pour le sexologue, la sexualité est la réalité centrale de la vie humaine. Bien plus, on a parfois l'impression qu'il se confine dans son champ de recherche et qu'il dissocie la sexualité de l'ensemble du comportement humain. Pour le mathématicien, pour l'anthropologue, pour l'homme d'affaires, pour le politicien, la réalité est tout autre. Dans ce contexte, même la spiritualité devient une spécialisation, alors qu'elle devrait envelopper tout l'agir humain. La théologie, parfois, semble s'exclure des réalités terrestres. C'est probablement ce problème que j'essaie de cerner ici, qui portait Nietzsche à insister sur la différence qu'il reconnaissait entre la culture et la science. Qui faisait dire à Blondel : « La science ne peut s'en tenir à la science. » Et je dirais de mon côté : « L'homme ne peut s'en tenir à la science. » Celle-ci, comme dit le père de Lubac, « n'explique pas, elle ne fait que décrire[3] », ce qui rappelle Nietzsche quand il oppose science et culture. L'homme n'est pas réductible à un objet de connaissance. « L'homme passe l'homme », dit Pascal. Le « connais-toi toi-même » de Socrate devrait être compris dans le sens que l'homme n'est pas réductible à un objet de connaissance. Le danger des spécialités, c'est d'oublier cette dimension de la réalité. Le savant d'aujourd'hui se cantonne dans sa

---

3. Georges Chantraine, *Henri de Lubac*, Paris, Cerf, 2009, tome II, p. 389.

spécialité, il tend à réduire la réalité à ce qui fait l'objet de sa science, il ignore et bien souvent méprise la théologie. Bien souvent, il érige l'anthropologie ou la sociologie, ou la psychologie, ou l'ethnologie en théologie. Ou bien, parce qu'il s'en tient à sa discipline, il refuse de s'engager comme être humain libre, autonome. C'est ce problème, me semble-t-il, qu'évoque Marcel Gauchet quand il parle de « la démultiplication des spiritualités et de l'éclatement bureaucratique des savoirs[4] ». Il m'arrive de me demander si ce n'est pas le développement des spécialisations qui provoque le développement de la rectitude politique. L'homme moderne, en effet, dans les différents secteurs de son activité, s'en remet aux spécialistes. Il se comporte de la même façon en ce qui regarde l'information. Et c'est là, pour une part, la cause de l'expansion et de la force de la rectitude politique. Le citoyen s'en remet aux spécialistes de l'information, comme il s'en remet à tous les spécialistes qui s'occupent des différents secteurs de son activité.

Le grand assyriologue Jean Bottéro est un spécialiste des religions anciennes de Mésopotamie et de la Bible de l'Ancien Testament. Il explique très bien la nature de la religion des Assyriens et de celle des Israélites. Un jour qu'il avait donné une conférence à Montréal, un journaliste lui demanda : « Et vous, en fin de compte, est-ce que, oui ou non, vous avez la foi ? » Il répondit énergiquement : « À partir du moment où, dans un sens ou dans l'autre, je

---

4. Marcel Gauchet, *Le désenchantement du monde*, Paris, Gallimard, 1995, p. XXI.

réponds à votre question, mon livre ne vaut plus rien. » Le livre dont il s'agit est *Naissance de Dieu*, qui est un ouvrage magnifique, très savant et en même temps très affirmatif, il me semble. Je poursuis un peu longuement la citation, car elle illustre très bien le problème que je pose ici et qui est d'une importance capitale. «J'ai cherché, en l'écrivant [son livre], à établir les faits, nus et incontestables, tels que nos documents, étudiés avec loyauté et impartialité, nous les montrent, sans m'occuper de ceux qui, positivement ou négativement, ont besoin d'une foi, et les laissant à leur gré, ou bien en construire une par-dessus ou démolir celle que d'autres y ont construite. Si je dévoile mon propre parti pris (supposé que j'en aie un), je fausse ma démonstration et mon livre perd sa raison d'être, chacun, depuis son bord, pouvant me soupçonner de partialité [...][5] »

Affirmation étrange, d'autant plus que Jean Bottéro affirme de saint Thomas, qui lui, pourtant, était ouvertement croyant : «J'y trouvais un système intelligent, lucide, équilibré, puissant et raisonnable, qui n'était fermé à rien, ouvert à tout : tout ce que j'ai appris depuis, dans tous les domaines, s'y est introduit à sa place sans aucun frottement[6]. » Pourquoi, dès lors, un savant de foi chrétienne ou judéo-chrétienne ne pourrait-il pas porter un regard juste sur les religions assyriennes ?

---

5. Jean Bottéro, *Babylone et la Bible. Entretiens avec Hélène Monsacré*, Paris, Belles-Lettres, «Pluriel», 1994, p. 294.

6. *Ibid.*, p. 13.

C'est ma conviction que tout être humain entretient face à l'existence, à l'univers, un sentiment, formulé ou pas, qui inspire son attitude profonde, son monde intérieur d'aspirations, de désirs, de convictions et ses options fondamentales. Pourquoi faudrait-il qu'il fasse abstraction de lui-même pour se situer dans l'univers? Certes, la spécialisation est nécessaire, et si l'homme y recourt équitablement, il ne doit pas s'y enfermer. Cela vaut pour la pratique des différentes sciences dont la théologie qui, elle aussi, me semble-t-il, tend à se cantonner dans sa spécialité, qui n'est pas suffisamment présente sur la place publique.

Nous touchons ici à un sujet sur lequel je n'arrive pas à me faire une opinion très claire. Au Moyen Âge, comme dans l'Antiquité grecque et égyptienne, on ne distinguait pas l'art et la religion. La modernité fait cette distinction. L'art se distingue de la religion, la philosophie n'est plus soumise à la théologie, la science est autonome. La modernité a inventé l'art pour l'art. Dans un article sur André Malraux, Pierre Vadeboncoeur cite l'écrivain français : « Ce qui est en train de disparaître du monde occidental, c'est l'absolu[7]. » Or, dit Vadeboncoeur, « l'art est un absolu ». C'est ce qui explique son concept d'indifférenciation. Il n'y a plus, dans la modernité, de référence à un absolu, à une réalité ultime, à une transcendance. Ce problème obsédait Pierre Vadeboncoeur à la fin de sa vie.

---

7. Pierre Vadeboncoeur, « La culture est héritage de la qualité du monde », *Le Devoir*, 16 janvier 2005.

On devrait dire en fait depuis plusieurs années, car il est au cœur de son livre *Les deux royaumes* et de la plupart de ses livres qui viendront par la suite, et spécialement dans *La clef de voûte*. Pour ma part, je vois dans cette mutation moins une négation de Dieu qu'une nouvelle manière de penser, d'exprimer la question de l'être et de l'existence. La modernité amène l'homme à se situer d'une manière inédite dans l'Univers, donc à penser d'une nouvelle manière sa relation à Dieu. C'est ma conviction que la « Révélation » peut assumer cette mutation parce qu'elle n'est pas de l'ordre d'un système, d'une culture liée à une époque, mais de l'ordre de la parole, du verbe. Elle est concomitante à toutes les époques. Mais nous devons en faire une lecture nouvelle.

※　※　※

Une autre cause de la crise spirituelle que nous connaissons est la crise de la transmission qui est générée par la société actuelle. Une spiritualité ne s'invente pas comme un plan d'exploitation d'un domaine ou l'initiation à l'utilisation d'un ordinateur. Elle est de l'ordre de la vie, de l'expérience, elle suppose un long apprentissage. Elle est transmise par les parents, par la société ou encore par un maître, mais cette transmission est un processus lent et long.

Cette donnée de la transmission est très importante dans la Bible, livre spirituel par excellence. C'est ce qu'indique le rappel de la généalogie : « Abraham engendra Isaac, Isaac engendra Jacob, Jacob engendra Juda et ses frères», et saint Matthieu poursuit ainsi jusqu'à Joseph et à «Jésus que l'on appelle Christ» (Mat.,1, 2-2, 16). Le peuple hébreu se penche sur son histoire. Il se rappelle que Dieu a créé le monde, puis il y a les patriarches qui sont les fondateurs, les premiers d'une longue lignée. Et on rappelle l'exil en Égypte, la fuite de l'Égypte, la fondation d'Israël. Et les prophètes annoncent le messie à venir. Le peuple hébreu, comme par la suite le peuple chrétien, a conscience que le salut lui advient dans l'histoire. Dans la société traditionnelle, la transmission était très importante. Le domaine familial se transmettait de père en fils, et avec lui tout un monde de connaissances, de biens, de sagesse. On entretenait un grand respect pour la lignée, ce qui traduisait la conscience de la transmission des biens culturels et spirituels dans le temps.

L'homme d'aujourd'hui a le sentiment de recommencer à zéro. Il ignore l'histoire et il ne s'y intéresse pas. Les jeunes d'aujourd'hui, en grande majorité, ont le sentiment que ce qui s'est passé avant eux est sans grand intérêt. Or, c'est dans la connaissance de l'histoire que se fait la transmission du sens, du sens qui est la racine de la spiritualité. La culture actuelle souffre d'une profonde amnésie spirituelle qui provient, pour une part, il me semble, du peu de connaissance de l'histoire, du manque d'intérêt accordé à l'histoire. Ou peut-être pourrait-on dire que si l'homme actuel ne s'intéresse pas à l'histoire, c'est parce qu'il ne se soucie pas du sens.

La rupture de la transmission dans le domaine religieux et dans la société en général est causée aussi par les profonds changements qui se sont produits dans la société. Dans la société québécoise traditionnelle, la communauté paroissiale se retrouvait presque au complet tous les dimanches à l'église et participait à la liturgie, entendait la lecture de l'Écriture Sainte. L'homme d'aujourd'hui n'est plus, ou est moins, intégré à une communauté qui transmet des valeurs, des connaissances communes. L'homme d'aujourd'hui n'est plus, ou bien peu, rejoint par l'Évangile et devient de plus en plus étranger au Message que la société traditionnelle lui transmettait. Autrefois, la grande majorité des gens allaient à la messe le dimanche. On leur lisait les Évangiles, les Épîtres de saint Paul, les textes de l'Ancien Testament. Le message passait. Aujourd'hui, la grande masse s'alimente au discours consumériste. Non seulement elle n'a pas accès au message chrétien, mais celui-ci est critiqué, ridiculisé. C'est aussi ma conviction que l'éclatement de la famille entraîne des conséquences culturelles et spirituelles dont nous ne mesurons pas la gravité. Jusqu'à tout récemment, la famille était le premier lieu de transmission des valeurs humaines, culturelles et spirituelles. Elle a éclaté sous l'influence de l'évolution de la société et spécialement du développement des médias électroniques, de sorte que les jeunes, comme je ne sais qui l'a remarqué très justement, n'appartiennent plus à la famille mais forment une classe sociale internationale en quelque sorte. La transmission qui s'effectuait au sein de la famille est remplacée par la communication horizontale, qui n'est pas nécessairement porteuse de sens, qui ignore la dimension historique. C'est là une situation tout à fait inédite dans l'histoire et il est difficile de prévoir le type de réalisation qu'elle engendrera.

Dans la société traditionnelle, la transmission s'effectuait naturellement. La foi se transmettait de père en fils, comme tout le reste. Dans la société technologique, la réalité, c'est l'innovation. Chacun recommence à zéro en quelque sorte.

❀ ❀ ❀

Une autre cause de la crise de la spiritualité dans le monde actuel vient de ce que, comme l'écrit le père de Lubac, notre époque a perdu le goût de Dieu. L'homme actuel se préfère à Dieu. Dieu ne l'intéresse pas, du moins en apparence. « Alors il détourne le mouvement qui le mène à lui, ou, ne pouvant réellement le détourner, il s'acharne à l'interpréter à faux[8]. » On pourrait même parler d'un discrédit de Dieu, comme si l'idée de Dieu était une chimère, une espèce de lubie pour ignares retardés. Il y a quelques années, j'avais fait la connaissance d'une jeune fille brillante, étudiante à l'université en sciences humaines. Nous sommes devenus un peu amis et je lui proposai de lire Péguy, qu'elle ne connaissait pas. Je lui passai *Notre jeunesse*. Elle me revint quelques jours plus

8. Henri de Lubac, *Sur les chemins de Dieu*, Paris, Aubier, 1966, p. 107.

tard emballée pour Péguy. Je lui avais fait découvrir un très grand écrivain pour lequel elle ne tarissait pas d'éloges. Elle formula pourtant une réserve. Elle ne comprenait pas qu'un si grand écrivain soit croyant. Cela n'entrait pas dans son univers mental. Comment un homme si brillant pouvait-il se perdre dans de telles balivernes !

Le point de vue de mon étudiante ne détonne pas dans le paysage québécois. Je donne un autre exemple. On pourrait les multiplier à l'infini. Dans *Le Devoir* de la fin de semaine des 14 et 15 janvier 2004, Odile Tremblay a écrit un article sur Claude Ryan. Elle évoque son austérité, son sérieux, son manque d'humour, son manque d'intérêt pour la culture ! Mais c'était un homme de principes. Et elle écrit : « Nul besoin d'observer longtemps le tableau d'ensemble pour constater que, sans principes, nos sociétés dérivent et doivent multiplier *ad nauseam* les comités d'éthique, dérisoires garde-fous pour les peuples privés de balises. Dommage que ces grands principes fleurissent à peu près toujours chez ceux qui possèdent, comme Ryan, des convictions religieuses. » Pourquoi dommage ? Et n'est-il pas significatif que les valeurs soient associées à des convictions religieuses ? Pour beaucoup de personnes actuelles, qui se prennent pour des robots, la question de Dieu est une vieillerie, l'affaire d'une autre époque. Ces gens sont allergiques à l'idée même de Dieu. On comprend que dans ce contexte, la spiritualité ne correspond à rien.

Une telle conviction est cependant étrange, car de grands savants comme Pascal, Descartes, Newton, Pasteur,

Einstein et tant d'autres croyaient à l'existence de Dieu. La légèreté avec laquelle certains intellectuels modernes traitent la question de Dieu relève d'un conformisme têtu bien plus que d'une ouverture de l'intelligence. Comme si la question de Dieu était dépassée, obsolète, inopérante, futile. Sur quoi pourrait alors se fonder une spiritualité? Pour le moment, je me contente de rappeler que pour saint Augustin, «le désir de Dieu est comme l'essence dynamique de l'âme[9]». J'affirme tout de suite que je me sens très loin de ces gens qui pensent que la religion va disparaître, qu'elle est un reliquat de civilisations englouties, que la science va la remplacer inévitablement. Je serais plutôt porté à penser que la science se rapproche de plus en plus de la religion, que loin de s'opposer à la religion, elle la fonde. Le monde actuel, les journaux, les médias traitent très souvent du Christ, du christianisme, de l'Église avec une légèreté, une ignorance qui confinent à la bêtise. Et, j'ajouterais, avec une prétention qui ne s'explique que par une grave fermeture aux réalités spirituelles. Quand on considère la modernité ou la postmodernité, on peut y reconnaître, et cela est pour le moins étrange, une espèce d'allergie à Dieu, au catholicisme, à l'Église. Ce que j'appelle une allergie se manifeste de toutes sortes de façons. C'est ainsi que certains ne veulent plus souhaiter à leurs proches un «Joyeux Noël», mais leur souhaiteront de «Joyeuses fêtes». On ne veut pas que ça fasse catholique.

---

9. Henri de Lubac, *op. cit.*, tome II, p. 396.

Certains ne veulent pas que l'on parle de l'«arbre de Noël», ils ne parlent pas de leur femme ou de leur mari mais de leur conjoint. D'autres sacrent comme des déchaînés pour bien se dissocier de ces attardés de croyants.

Il y avait autrefois un conformisme religieux. Nous passons aujourd'hui par un conformisme antireligieux qui ne préserve rien, qui ne respecte rien, qui est insensible aux réalités de l'âme, à la gratuité, aux subtilités de la vie spirituelle. Cette barbarie est plus l'effet du déclin de la culture que de la religion. Ces gens qui se pensent libérés, contestataires cèdent au conformisme présent. Ils auraient été hier des cléricaux obtus. Ils bêlent avec le troupeau. Il n'est pas besoin de beaucoup de courage aujourd'hui, au Québec, pour bêler contre l'Église.

Je m'arrête un peu à cette allergie à l'Église qui affecte même des auteurs sérieux et très savants, des intellectuels et évidemment des spécialistes de tout acabit. Je pense spécialement à Frédéric Lenoir, qui nous a donné un livre très précieux et très pénétrant, *Le Christ philosophe*. Cet ouvrage contient des pages remarquables qui expriment une intelligence très juste et très profonde de la «philosophie» du Christ, de son message. Or, le livre s'ouvre par une opposition entre l'Église et le Christ, par une insistance obsessive sur l'Inquisition. On peut dire que le livre s'ouvre par une sortie contre l'Église qui a trahi le Christ. On rapporte la légende du Grand Inquisiteur et les menées cruelles de l'Inquisition. On passe ensuite à la doctrine du Christ qui est exposée de façon très brillante. On raconte l'histoire du christianisme de façon très étrange, me semble-t-il. Quand il est question des Croisades, on ne parle pas de la conquête militaire du Moyen-Orient par les musulmans, mais de la seule réaction des chrétiens à cette conquête. Or, ces Croisades sont beaucoup plus une démarche défensive qu'une agression. Ce sont les musulmans qui ont déclenché l'offensive en occupant par les armes le Moyen-Orient, la Palestine, l'Espagne qui s'étaient faits chrétiens par la prédication. Dans cette affaire, les musulmans semblent de pauvres victimes et les chrétiens de gros méchants. On parle de l'Inquisition en Espagne ; on ne parle pas du saccage de Saint-Jacques-de-Compostelle par les musulmans, de l'exemption d'impôt pour les musulmans... Lenoir parle de la transmission de la culture grecque en Occident. Les musulmans auraient joué un rôle très important dans cette démarche. Lenoir contredit l'approche de Gouguenheim dans *Aristote au Mont Saint-Michel*, qui me semble beaucoup plus sérieux. Pour Lenoir, tous les torts sont du côté des chrétiens. Il ne critique jamais dans ce livre la conduite de leurs adversaires. Il n'en parle tout simplement pas. Et on pourrait formuler d'autres considérations de même nature. Il est facile de dresser l'Évangile contre l'Église, contre l'institution, mais il faut au moins se rappeler que si l'Église n'avait pas été là, l'Évangile ne serait pas arrivé jusqu'à nous.

Il faut dire ici un mot sur les critiques intempestives de la religion, de l'Église par certains intellectuels qui se prennent pour de grands esprits. Ils ne fustigent pas seulement certains travers de l'institution, ils détruisent les raisons de vivre de beaucoup de petites gens. Le Christ condamne l'hypocrisie des Pharisiens, mais il demande à ceux qui l'entourent d'aller prier au Temple. Nos intellectuels libérés ne critiquent pas seulement les faiblesses des gens d'Église ou de l'institution. Ils condamnent le catholicisme en bloc et laissent ainsi les gens qui les croient dans le dénuement spirituel le plus total. Ces gens sont au fond des inquisiteurs qui ne cherchent pas à défendre l'Église mais la combattent. On retrouve cette mentalité inquisitoriale chez bon nombre d'intellectuels et d'artistes. On monte en épingle les moindres faiblesses des institutions ecclésiales, mais on passe sous silence des activités innombrables de dévouement et de service dans tous les domaines. En février 2010, par exemple, à l'occasion du terrible tremblement de terre en Haïti, on a parlé de la relation que le Québec a entretenue avec Haïti depuis des décennies, mais on n'a pas mentionné que c'est l'Église par les communautés religieuses qui a fondé là-bas des écoles, des collèges, des dispensaires, etc. On met en évidence le moindre scandale qui se produit dans l'Église, mais on passe sous silence ce qu'elle a fait de bien un peu partout dans le monde. Dans *Le Devoir* du 12 mars 2010, Lise Payette se plaint de la mauvaise tenue des hôpitaux à notre époque. Elle les met en opposition avec les hôpitaux d'autrefois qui étaient propres, bien tenus, mais elle évite de dire évidemment que ces hôpitaux étaient tenus par des religieuses.

L'Église existe depuis deux mille ans. Elle s'est toujours considérée comme une société de pécheurs et de saints. Ce n'est pas pour rien que la liturgie dominicale commence toujours par une prière pénitentielle pour se déployer ensuite dans l'action de grâces. L'Église est humaine et divine. Beaucoup de critiques ne voient en elle que son côté humain, que ses défaillances. À lire des croyants, même un théologien comme Lenoir, on a l'impression que l'Église a trahi le Christ, qu'elle est la pire institution qui existe. On aurait envie de lui dire : si vous voulez faire le procès des institutions qui ont souillé de crimes la modernité, rappelez-vous que ce n'est pas l'Église qui a mis sur pied le Goulag. Ce n'est pas elle qui est responsable de l'Holocauste, des génocides au Cambodge, en Afrique, de Hiroshima, de Nagasaki... Le seul homme public d'envergure internationale qui a proclamé qu'on ne pouvait justifier moralement une guerre moderne est le pape Jean-Paul II, à Assise, en 2002. On peut critiquer l'Église, il reste que c'est elle qui, par la parole et toutes sortes d'œuvres, nous a transmis le message évangélique.

De Lubac écrit : « L'Église, toute l'Église, la seule Église, celle d'aujourd'hui comme d'hier et de demain, est le sacrement de Jésus-Christ[10]. » Je dirais que le monde d'aujourd'hui, parce qu'il n'a de considération que pour l'utile, le fonctionnel, le monnayable, prend à la légère

---

10. Henri de Lubac, *Méditation sur l'Église*, troisième édition revue, Paris, Aubier, 1953, p. 185.

non seulement l'Église comme institution, mais les réalités spirituelles elles-mêmes.

Quand je considère l'espèce d'allergie à la religion qui affecte le monde actuel, je me plais à me remémorer ce qu'écrivait Cicéron : « Je ne sais si anéantir la piété envers les dieux, ce ne serait point aussi anéantir la bonne foi, la société du genre humain, et la plus excellente des vertus, la justice[11]. » Je dirais : comment fonder une spiritualité si on ne croit pas en Dieu ?

J'ajouterai qu'on ignore facilement ce qu'a fait l'Église ou qu'on nie systématiquement son action civilisatrice. Ainsi, on accuse Pie XII de ne pas avoir défendu les Juifs à l'époque d'Hitler. Pourtant, le grand rabbin Elio Toaff, qui accueillait Jean-Paul II à la synagogue de Rome, déclara : « Les Juifs se souviendront toujours de ce que l'Église a fait pour eux, sur l'ordre du pape, au moment des persécutions raciales. Quand la guerre mondiale faisait rage, Pie XII s'est prononcé souvent pour condamner la fausse idéologie des races[12]. »

Einstein écrit : « L'Église catholique a été la seule à élever la voix contre l'assaut mené par Hitler contre la liberté. Jusqu'à cette époque, l'Église n'avait jamais retenu mon attention, mais aujourd'hui, j'exprime ma grande admiration et mon profond attachement envers cette

---

11. Cicéron, *De la nature des dieux*, cité par Chateaubriand, *Le génie du christianisme*, Paris, « La Pléiade », 1978, p. 1067.

12. Robert Serrou, *Pie XII, le pape-roi*, Paris, Perrin, 1992, p. 194.

Èglise qui, seule, a eu le courage de lutter pour les libertés morales et spirituelles[13]. »

On peut noter en passant que le nazisme et le communisme qui prétendaient remplacer le christianisme sont disparus alors que l'Église demeure.

Robert Serrou cite de Lubac : « La Tradition n'est pas un poids, mais une force vive. Mon ambition a toujours été de la faire mieux connaître et aimer […] J'éprouve joie et confiance à la pensée que dans cette grande Église qui semble toujours en train de mourir et qui est toujours en train de renaître, les saints, comme disait Péguy, rejaillissent toujours[14]. »

Et je ne peux m'empêcher de citer Philippe Sollers, qui écrit : « De toutes les religions, ma préférence va à celle qui est aujourd'hui, à mon avis, la moins belliqueuse sur la planète, la catholique, apostolique et romaine[15]. »

Ces témoignages sont réconfortants, mais il faut remarquer que la réflexion occidentale n'est pas honnête au sujet du christianisme. René Girard l'a noté à propos des anthropologues et des ethnologues qui prennent au sérieux les moindres récits ou cultes des tribus indonésiennes, mélanésiennes ou autres, mais qui négligent les récits bibliques. Les intellectuels, de plus, ne savent pas distinguer la foi chrétienne des formes culturelles et sociales

---

13. *Ibid.*, p. 194.

14. *Pie XII. Le pape-roi, op. cit.*, p. 203.

15. Philippe Sollers, *Un vrai roman. Mémoires*, Paris, Gallimard, « Folio », 2009, p. 350-351.

qu'elle a pu susciter dans le temps, à différentes époques, ou encore la foi chrétienne des restes de paganisme qui s'y sont amalgamés.

Dans son très beau livre, *La mort de Virgile*, Hermann Broch fait dire à Virgile que la piété est le fondement de la connaissance. La piété est fondée sur le sentiment que la réalité n'est pas à la mesure de notre intelligence, qu'elle est inépuisable, qu'il faut garder une certaine humilité en face de tout ce qui existe. Bien des jugements portés sur l'Église, sur la société, relèvent d'une assurance qui n'assume pas toutes les dimensions de la réalité. Dans la critique du christianisme et de l'Église que propagent trop souvent les médias, on retrouve ce qu'on pourrait appeler l'esprit de Voltaire, le procédé de Voltaire, que décrit si bien Erich Auerbach. On peut appeler ce procédé, dit-il, « la technique du projecteur ; il consiste à mettre en valeur un petit fragment d'un vaste ensemble et à laisser dans l'ombre tout ce qui serait susceptible de l'expliquer, de l'intégrer dans un tout et de fournir un contrepoids à ce qui est isolé de la sorte. Si bien qu'on dit apparemment la vérité, car les choses qu'on affirme sont indéniables, alors qu'en réalité on fausse tout, car la vérité requiert toute la vérité et le rapport exact de ses parties[16] ».

Certes, l'Église n'est pas parfaite. Il faut admettre que malgré ses faiblesses, ses défauts, elle porte un message sur la vie, sur l'homme, sur l'univers qui a formé la conscience

---

16. Erich Auerbach, *Mimésis, la représentation de la réalité dans la littérature occidentale*, Paris, Gallimard, « Tel », 1946, p. 403.

de l'homme occidental. Le retrait de l'Église, ou le refus de l'Église, par l'homme actuel explique la disparition de la conscience chrétienne et son remplacement par le discours consumériste.

❊   ❊   ❊

La crise spirituelle du Québec est une crise moderne, dis-je. Elle est l'effet d'un développement technologique en lui-même merveilleux, mais qui soumet l'homme au lieu de se soumettre à lui. Elle est l'effet de la transformation de la communauté internationale en une société de marché qui soumet tout à ses fins. Martin Blais écrit: «Dans un millénaire, quand on parlera de nos camps de concentration, de nos écoles de torture, de notre cruauté unique dans l'histoire, de nos guerres atroces, de nos millions de miséreux – même dans les pays riches – on se demandera quels barbares nous étions.» Et il cite Soljenitsyne: «Dans cent ans, on se moquera de nous comme de sauvages.» René Dubos affirme: «La vue technologique qui domine le monde actuel [...] apparaîtra à nos descendants comme une période de barbarie[17].» Or, le Québécois est très moderne, moderne jusqu'à l'inconscience.

La crise spirituelle du Québec est aussi une crise nationale. J'ai abordé ce problème au chapitre trois. J'y reviens rapidement. Il faut reconnaître que les Québécois vivent

---

17. Martin Blais, *Sacré Moyen Âge!*, Montréal, Fides, «Bibliothèque québécoise», 2004, p. 10-11.

dans une grande insécurité au Québec. Une insécurité qui est rattachée à leur identité nationale. On pouvait lire dans *Le Devoir* du 22 juin 2009, en gros titre, en première page : « Le français à Montréal : 90 % des francophones sont inquiets ». Les Québécois, comme peuple, se sentent menacés. Beaucoup démissionnent, ne savent plus où se situer dans l'histoire, dans la société.

La crise que connaît le Québec sur le plan national a de profondes répercussions sur le plan spirituel. La situation nationale du Québec engendre chez les Québécois une grande insécurité, un manque de confiance en eux-mêmes qui va jusqu'à la honte de soi et au refus de soi qui se manifestent de toutes sortes de façons. Dans la tourmente, le Québec s'est coupé de ce qui constituait son identité, de ce qui alimentait sa vie sociale et culturelle, ce qui l'inspirait au-delà des raisons et des lois, c'est-à-dire la religion catholique qui, comme dit Pierre Vadeboncoeur, « faisait jadis dans le peuple un fond métaphysique considérable[18] ».

Je ne parle pas ici de la foi comme telle, je parle de la religion, de la relation profonde de l'homme avec l'existence, avec le mystère de la vie du fait que la réalité dépasse notre intelligence.

Or, ce qui, chez nous, permettait d'assumer cette dimension de l'existence, c'était la religion catholique. Le catholicisme faisait partie de notre identité, de notre culture, c'est à travers lui qu'était assumée la dimension

---

18. Pierre Vadeboncoeur, *Trois essais sur l'insignifiance*, Montréal, L'Hexagone, 1983, p. 13.

mythique de l'existence, c'est lui qui nous fournissait un mode d'insertion dans l'Univers, qui nous enracinait dans le temps et dans l'espace. Le Québécois qui rejette le catholicisme n'a plus d'identité, il n'a plus d'armature. Je le répète, je ne parle pas de la foi, je parle de la culture, de la dimension mythique. Que serait un Indien sans l'hindouisme, un Tibétain sans le bouddhisme, les Premières Nations sans leurs coutumes, leurs récits? Jean-Paul Audet écrit : «Pour un groupe, un mythe qui se défait représente une obscure tragédie comparable à celle d'un grand amour qui s'étiole. D'un côté comme de l'autre, c'est un sens global de la vie qui, à la lettre, *se décompose*[19].» Il s'est produit chez nous, dans le sillage de la Révolution tranquille, à l'occasion du passage de la société traditionnelle à la société industrielle, au moment de l'avènement de la révolution technologique, une espèce de réduction de l'être humain, une réduction de l'être humain à des fonctions au grand détriment de l'immanence et de l'intériorité. Tout cela mêlé à notre complexe de culpabilité de colonisés, de refus de nous-mêmes, au sentiment moderne d'ingratitude évoqué par Alain Finkielkraut, à la mentalité de procès décrite par Milan Kundera.

Pierre Vadeboncoeur a parlé de la Clef de Voûte que nous avons éliminée. Sans la clef de voûte, la cathédrale n'est plus qu'un tas de prières. Dans la deuxième moitié du vingtième siècle, le Québec a raté son rendez-vous avec

---

19. Jean-Paul Audet, «Le mythe dans le double univers du langage et du sacré», *Dialogue*, 1964, vol. VII, n° 4, p. 547.

l'histoire. Au lieu de se prendre en main, il a capitulé une nouvelle fois.

Depuis ce temps, il végète, il suffoque, il s'agite dans l'inconscience, en attendant de disparaître. Le Québec actuel, ce n'est pas un peuple, c'est une foule qui suit celui qui parle le plus fort. Il ne vit pas dans l'histoire mais dans l'instant, il ne s'intéresse qu'à son vécu. Le Québec de 1960 rêvait d'un avenir merveilleux, de liberté, d'indépendance. Le Québec du début du troisième millénaire ne rêve plus, il consomme. Il n'aime pas la musique mais le tintamarre. Il n'a pas de fierté ni d'enthousiasme. Il est profondément déprimé, il n'a plus le goût ni l'énergie de se battre pour défendre ses intérêts, et on a l'impression qu'il s'en remet aveuglément aux circonstances. Le Québec, dis-je, a manqué son rendez-vous avec l'histoire. Il disparaît un peu plus tous les jours de la carte. Le Parti québécois assiste aux funérailles. Je ne peux plus entendre les hommes politiques parler des problèmes du Québec, de l'indépendance. Du vrai papotage.

Le peuple québécois construit son avenir sur le refus de lui-même, de son passé, de son identité, de sa langue, de sa culture. Il entre dans la modernité en se niant, en refusant son identité. Nestor Turcotte écrit : « À l'évidence, le Québec n'a plus de but fixe, n'a plus de projet rassembleur, de vision d'avenir stimulante. Il sombre dans le relativisme et l'individualisme à tout crin. C'est à cause de cela qu'il se livre à l'anarchie morale, à la violence et au désespoir. Pour combler le vide, il faut au pèlerin de la vie quelques graines d'Absolu[20]. » Dans ce paysage, il va de soi qu'il n'y a plus de place pour la spiritualité.

C'est que l'homme ne vit pas dans l'abstrait. Il vit en société, il est atteint par ce qui se passe autour de lui. Un malheur collectif marque l'individu. Les individus d'un peuple humilié, dominé sont affectés par la situation de ce peuple. Vadeboncoeur écrit : « Ce qui arrive au pays nous arrive et nous le ressentons avec la même intensité que s'il s'agissait de nous-mêmes individuellement. Il n'y a pas de différence. C'est nous-mêmes qui sommes atteints. Nous sommes de ceux pour qui une tristesse collective est une tristesse personnelle, et de même pour un bonheur. La nation est personnifiée en nous[21]. »

❊   ❊   ❊

Je souligne un autre aspect de la crise spirituelle que nous traversons aujourd'hui, c'est-à-dire la tendance à tout mettre sur un même pied, à banaliser les différences au nom de la bonne entente, de l'esprit évangélique, de l'œcuménisme, de la tolérance, de la modernité… Pierre Vadeboncoeur parle de l'« indifférenciation » comme de l'une des caractéristiques de l'époque. Ma conviction, c'est que l'attitude qui convient dans ce domaine, ce n'est pas

---

20. Nestor Turcotte, « Il n'y a pas que les églises qui sont vides », *Le Devoir*, 10 novembre 2009.

21. Pierre Vadeboncoeur, *To be or not to be, that is the question*, Montréal, L'Hexagone, 1980, p. 136.

de nier les différences, mais de se reconnaître différents et de s'accepter différents.

C'est probablement parce qu'on est imprégné de cette mentalité que l'on estime que tout se vaut, que, au nom de la liberté d'expression, on laisse les goujats empoisonner l'atmosphère, répandre partout la vulgarité et la grossiè-reté, corrompre les petits et les faibles. On se réclame de l'esprit démocratique pour bafouer en toute impunité la dignité humaine. C'est que dans notre société évoluée, les notions de vulgarité, de grossièreté sont périmées. « En quoi consiste la barbarie, disait Goethe, sinon en ce qu'on ne connaît pas l'excellent[22]. »

C'est influencés par cette mentalité suivant laquelle tout se vaut que même les croyants sont portés à oublier la dimension d'indignation que comportent les Évangiles. On ne parle presque plus de l'indignation de Jésus qui chasse les vendeurs du temple, qui dénonce l'hypocrisie des Pharisiens dans un langage d'une violence inouïe. L'homme d'aujourd'hui, l'Occidental, s'accommode de tout, de n'importe quoi. Il est un spectateur. Il sait qu'il n'a pas d'influence sur ce qui se passe sous ses yeux. Il en prend son parti.

Il s'accommode même de l'injustice et de la persécu-tion. Serge Truffaut écrit dans *Le Devoir* du 17 août 2009 : « Au Pakistan, il ne se passe plus une semaine sans que les chrétiens subissent la fureur des islamistes. Idem en Égypte et en Algérie. En Irak, au cours du dernier mois,

---

22. Cité par Jacques Copeau, *Journal 11, op. cit.*, p. 92.

les attentats contre les églises ont augmenté à la vitesse grand V. » Et tout le texte est de ce ton. Je me dis : s'il fallait que de tels crimes soient perpétrés par des chrétiens !

Le 28 janvier 2010, je lisais sur *Zenit* que 170 000 chrétiens perdent la vie chaque année en raison de leur foi. On affirmait que 200 millions de personnes étaient persécutées. Et tout cela se passe presque dans le silence.

Autrement dit, on s'accommode de tout au nom de la modernité, de la tolérance, de la bonne entente. Au nom peut-être d'une certaine conception de la culture, de la civilisation. Louise Mailloux fait d'un penseur comme Claude Lévi-Strauss un témoin ou un théoricien de cette nouvelle anthropologie. Après une allusion à *L'ère du vide* de Lipovetsky, elle affirme : « Lévi-Strauss a largement contribué à nous propulser dans ce vide social et intellectuel en posant les prémisses d'une pensée inodore et incolore qui nous prive de la faculté de juger, de choisir, de s'opposer et de s'affirmer, mettant ainsi sur le même plan la charia et les Droits de l'homme, l'excision et la chirurgie esthétique comme l'a fait Germaine Greer, le voile islamique et l'hyper-sexualisation des filles[23]. » Et elle ajoute : « Avec Lévi-Strauss, nous avons perdu le droit d'être scandalisé, révolté, outré parce que toute différence culturelle impose sa norme et sa tyrannie au nom du respect et de la démocratie alors que tout référent fondateur est perçu comme une violence, comme du racisme ou de la xéno-

---

23. Louise Mailloux, « Faut-il brûler Lévi-Strauss », *L'Aut'Journal*, lundi 30 novembre 2009.

phobie. » Toutes les cultures se valent. Toutes les idées se valent. Il n'y a plus d'échelles des valeurs, puisqu'il n'y a plus de valeurs, plus de transcendance. L'homme pourtant a besoin d'au moins un semblant de transcendance. Ce qui en tient lieu, c'est le sensationnel. Quand l'homme n'adore plus Dieu, il adore les idoles, les vedettes, le veau d'or.

❊ ❊ ❊

Jean Bédard fait dire à Maître Eckhart qu'il faut « être dépris, délié dans ce monde, pas coupé de lui[24] ». Et encore : « Si l'homme s'attache à une vague, il roule avec elle et se noie, s'il épouse le point de vue de Dieu, il s'amuse du passage des vagues et profite de leur mouvement[25]. » Voilà un exercice qui n'est pas facile mais qui est pourtant celui qui s'impose. Les vagues peuvent nous porter, elles peuvent nous emporter.

Autrement dit, qu'est-ce qui se passe dans notre monde ? Qu'est-ce qui relève des emballements de l'époque, des fourvoiements de la civilisation, et qu'est-ce qui est un acquis de la civilisation ? Dans le fourmillement des inventions, des changements de mentalités, des métamorphoses des mœurs, qu'est-ce qui constitue un progrès pour l'homme ? Dans les grandes transformations qui affectent le comportement religieux, qu'est-ce qui relève des modes et qu'est-ce qui est le produit d'une saine évolution, d'un

---

24. Jean Bédard, *Maître Eckhart*, Paris, Stock, 1998, p. 85.
25. *Ibid.*

approfondissement, d'une assimilation profitable? Dans quelle mesure l'Occident moderne est-il fidèle aux sources spirituelles qui l'ont inspiré pendant des siècles? Et si l'on parle du Québec, dans quelle mesure renie-t-il son identité, son histoire? Il n'est pas facile de répondre à ces questions, mais on peut au moins tenter de les poser.

Il faut d'abord se rappeler que le christianisme n'est pas une idéologie, un système philosophique, une institution politique. Il est fondé sur la foi en une personne, Jésus-Christ, que ses disciples ont mission d'annoncer à toute la Terre. On parle de l'Évangile, d'une bonne nouvelle. En fidélité plus ou moins parfaite à cette croyance, les chrétiens inventent toutes sortes d'œuvres. La foi inspire une foule d'œuvres religieuses, mais elle ne s'y enferme pas, le croyant ne doit pas s'enfermer dans ses œuvres. Être croyant ne signifie pas arrêter de réfléchir, mais plutôt tout le contraire. En même temps, le détachement a toujours été un élément important de la spiritualité chrétienne parce que le message chrétien est un message de liberté et de dépendance absolue de Dieu seul. L'Église crée la chrétienté, mais elle ne doit pas s'y laisser enfermer. Elle invente toutes sortes d'institutions, mais elle ne s'y enferme pas. De même pour la culture.

Il est dit dans l'Évangile que jusqu'à la fin des temps, on y trouvera des choses anciennes et des choses nouvelles. La foi chrétienne, ce n'est pas d'abord un contenu, c'est un programme. C'est dans ce sens, me semble-t-il, que pour une part il faut lire les Béatitudes. Bienheureux ceux

qui ont faim et soif, bienheureux les pauvres en esprit...
« Le Royaume des cieux est parmi nous, et il est à venir. »
« Que ton règne vienne. » Le croyant n'est pas arrivé. Il est
en marche, il est un insatisfait. Dans le secret de l'histoire
se poursuit une longue démarche qu'exprime la tradition. La foi n'est pas une réalité statique. Nous avons à la
repenser, à la renouveler. Paul Claudel écrit : « L'Évangile
n'a pas épuisé sa mission. À chaque génération qui se lève,
il y a quelque chose d'ancien et de nouveau à enseigner,
quelque chose tout à coup à notre oreille que nos pères
n'avaient pas entendu, une explication, une perspective,
une consigne, une conjonction nouvelles [...] Jésus est toujours en avant de nous[26]. » J'aime à me dire que l'Évangile
n'est pas un système mais une parole.

C'est dans cet esprit qu'il faut comprendre la tradition,
c'est-à-dire la transmission du message, de la foi, dans
l'histoire. Dans son très beau livre *Confession d'un cardinal*,
Olivier Le Gendre écrit que le fidèle, « ce n'est pas celui
qui conserve, c'est celui qui invente dans la fidélité[27] ».
On pourrait dire que chaque génération doit en quelque
sorte reformuler le message chrétien. « Chaque génération doit repartir à neuf », dit Hang Küng[28], comme
chaque personne a avec son père, sa mère, une relation

---

26. Paul Claudel, *L'épée et le miroir. Le poète et la Bible*, vol. 1, Paris, Gallimard, 1998, p. 723-724.

27. Olivier Le Gendre, *Confession d'un cardinal*, Paris, Jean-Claude Lattès, 2007, p. 396.

28. Hans Küng, *Mémoires II*, Paris, Novalis Cerf, 2010, p. 83.

inédite. Chaque croyant a une relation personnelle, inédite, nouvelle avec le Christ dans l'Église. La vie est à la
fois continuité et renouvellement. La personne humaine
est d'abord enfant, puis adolescent, adulte, vieillard, mais
c'est toujours la même personne.

❀ ❀ ❀

Inventer dans la fidélité. L'homme actuel a besoin d'inventer pour assumer les situations nouvelles dans lesquelles
il se trouve. Des situations inédites du fait du développement de la science, de la technologie. Or, l'anémie spirituelle qui caractérise notre époque fait que l'on traite bien
souvent de graves problèmes humains de façon réduction-
niste. On traite l'être humain comme s'il était un robot, ou
un simple animal. Ce manque de dimension spirituelle fait
qu'on aborde avec une légèreté indescriptible les graves
problèmes de l'avortement, de l'euthanasie, de la sexualité
en général, de la justice dans la société et dans le monde.
Dans certains cas, on ne s'intéresse qu'aux aspects biolo-
giques de ces problèmes. L'érotisme est dissocié de l'ensemble du comportement humain. Il est une force brute,
de l'ordre de la vie, mais anarchique. Il peut saccager tout
le domaine de l'humain, famille, mœurs, traditions. Pour
certains, le soumettre à l'ensemble du comportement
humain, c'est du jansénisme.

Le débat sur l'euthanasie me semble très souvent extrêmement précaire parce qu'il est mené sur un fond de vide

spirituel qui fait qu'on traite l'être humain comme s'il était une mécanique. Emmanuel Lévinas était opposé à l'euthanasie au nom du caractère absolument inaliénable de l'être humain. Pour moi, le commandement reste un absolu : « Tu ne tueras point. » Ce qui ne veut pas dire que par acharnement thérapeutique on empêche quelqu'un de mourir. Sur l'euthanasie, les paroles de Thomas De Koninck sont pour moi capitales : « Il ne faut pas craindre de reconnaître aux mots leur sens exact. Euthanasier, c'est donner la mort. Le suicide assisté, comme le suicide tout court, est un homicide. En se tuant, seul ou en se faisant aider, on tue un être humain[29]. »

Dans *Le Devoir* du 4 novembre 2009, on nous apprend que la majorité des médecins seraient favorables à pratiquer l'euthanasie. Le président-directeur du Collège des médecins du Québec dit qu'il faut passer « d'une logique de droits à une logique de soins ». Autrement dit, il faut arrêter de se poser des questions morales et agir. Je copie un paragraphe de cet article : « Il y a toutefois des circonstances exceptionnelles où la frontière doit être franchie. Quand le médecin doit se résoudre à donner une dose de morphine de plus ou à rapprocher des doses pour soulager les douleurs incoercibles, la mort finit par arriver, affirme alors le Dr Robert. La sédation palliative devient alors irréversible, ouvrant du coup la porte toute grande

---

29. Antoine Robitaille, « Emmanuel Levinas s'opposerait à l'euthanasie », *Le Devoir*, 17-18 octobre 2009.

à l'euthanasie[30]. » «Un médecin qui pose un tel geste ne commet pas un meurtre, il utilise l'euthanasie par compassion en adéquation avec sa bonne conscience professionnelle», croit le Collège. Il utilise l'euthanasie par compassion. C'est comme si on disait : il ne tue pas, il tue par compassion. Si l'on croit que l'être humain est une personne, on doit absolument maintenir le commandement : «Tu ne tueras pas. » Le médecin peut tenter de soulager son patient, mais il n'a pas le droit de le tuer.

La crise moderne de la spiritualité entraîne une réduction de l'être humain ou est l'effet d'une réduction de l'être humain. Il est difficile de distinguer ici la cause et l'effet, mais quoi qu'il en soit, il arrive que, dans ce contexte, on traite de graves problèmes humains avec une espèce de légèreté déconcertante. Il faut lire dans cette perspective l'ouvrage dirigé par E.-Martin Meunier et Joseph Yvon Thériault, *Les impasses de la mémoire. Histoire, filiation, nation et religion*[31].

Voici un livre savant, un peu difficile, mais très intéressant, sur la mémoire et, je dirais, sur les grandes mutations de la société actuelle. C'est un ouvrage écrit en collaboration par vingt et un auteurs provenant de différents centres de recherches et universités.

---

30. Voir l'article de Louise-Maude Rioux Soucy, «Autoriser l'euthanasie dans un contexte de fin de vie», *Le Devoir*, 4 novembre 2009.

31. E.-Martin Meunier et Joseph Yvon Thériault, *Les impasses de la mémoire. Histoire, filiation, nation et religion*, Montréal, Fides, 2007.

L'ouvrage est divisé en quatre parties. La première, «Mémoire et Histoire», fait état de la réflexion très développée à notre époque sur l'histoire et la mémoire, et sur le sens de cette orientation de la pensée. On rappelle, dans l'introduction, le «relâchement des liens de filiation avec le passé», et l'on cite Pierre Nora : «Nous savions autrefois de qui nous étions les fils, et que nous sommes aujourd'hui les fils de personne et de tout le monde[32]. »

La deuxième partie a pour titre «Mémoire et filiation». Elle traite du droit des femmes à contrôler leur fécondité, de la parenté dans le contexte nouveau de l'évolution de la famille, de la nature même de la famille que la société actuelle remet en question. Qu'on pense seulement que des couples homosexuels peuvent faire une demande d'adoption, qu'ils soient mariés, unis civilement ou unis de fait (p. 121). Nous vivons dans ce domaine une véritable révolution sociale patronnée par les juges, par le droit. Cette révolution s'est faite dans la précipitation, sans même qu'il y ait de débat. La question du mariage des homosexuels, par exemple, qui mettait en question la famille et le mariage traditionnels, aurait dû faire l'objet d'un long débat public dans toute la société et d'un référendum. Or, ce sont quelques juges qui ont statué sur le sujet. Cette révolution, car c'en est une, me semble prendre à la légère les acquis de la civilisation, et repose sur une réduction de l'être humain. Le chapitre de Daniel Dagenais intitulé «La famille est-elle une pure

32. *Ibid.*, p. 2.

construction sociale?» me semble d'une grande pertinence et d'une importance capitale. Il rappelle que les
juges, appelés à se prononcer sur la question de savoir si le
mariage traditionnel entre un homme et une femme était
conforme à la *Charte*, ont préféré s'abstenir. «Il eût été
amusant de voir nos magistrats déclarer non conformes à
la *Charte*, 100 000 ans d'histoire de l'humanité[33]. »

Quoi qu'il en soit, cette révolution me semble capitale.
Elle suppose ou provoque l'effondrement de la forme
millénaire et moderne de l'institution familiale. Il est trop
tôt pour mesurer toutes les conséquences de cette révolution. On l'aborde ici sous l'angle juridique et anthropo-
logique. Il faudrait accorder beaucoup plus d'attention
aux conséquences de ces perturbations sur le développement des personnes. Il est regrettable aussi que, dans
cette démarche de réflexion, on ne donne pas la parole
a un théologien qui pourrait compléter ou discuter les
points de vue exposés ici. On sait comment la théologie
et l'Église ont joué un rôle important dans la réflexion sur
le mariage dans la tradition occidentale.

Ce qui est évident, c'est que le monde actuel prend à
la légère l'institution plusieurs fois millénaire du mariage
et de la famille. Hannah Arendt a bien montré comment
un milieu familial stable est nécessaire au développement sécuritaire de l'enfant. Les nouvelles générations
ne s'embarrassent pas de ces considérations. Je pense à
cette jeune femme qui se vantait d'avoir eu quatre enfants

---

33. *Ibid.*, p. 160.

avec quatre hommes différents. J'aimerais la revoir ainsi que ses enfants dans une vingtaine d'années! Un grand romancier a parlé de «L'insoutenable légèreté de l'être». L'époque prend à la légère la sexualité, la famille, l'éducation. Je dirais qu'elle prend à la légère l'être humain, la vie humaine.

Elle a banalisé le sexe, elle n'a retenu que sa fonction ludique et voluptueuse. Philippe Sollers écrit : «Quelle idée, aussi, d'avoir ramené le sexe à une fonction démocratique indexée sur la marchandise. Avoir rendu le sexe laid et surtout *ennuyeux* restera le symptôme de la période[34]. »

C'est ma conviction que la modernité, ou la postmodernité, si l'on veut, opère une réduction de l'être humain en le modelant de plus en plus sur la fonctionnalité, la mécanique au détriment de l'immanence, de la spiritualité, de la mystique. L'amour entre l'homme et la femme, qui était dans la tradition chrétienne à l'image de l'amour de Dieu pour l'humanité, tend à devenir une pure fonction biologique. Il est consternant d'entendre les sexologues disserter sur ces questions. De même, bien des discours sur le féminisme tournent à la caricature. Ma conviction, c'est que la femme se situe, plus que l'homme, du côté de l'éducation de l'humanité et de la civilisation. Dans une première démarche, le féminisme porte la femme à compétitionner avec l'homme sur le plan de la domination, de la gestion, de la fonctionnalité. Quand on sera allé au bout de cette démarche, on s'apercevra que la femme a autre

34. Philippe Sollers, *ibid*, p. 383.

chose à apporter à l'humanité. Quelque chose qui est de l'ordre de la gratuité, de la grâce, de l'humaine condition. C'est son rôle, dans le contexte actuel, de rappeler à l'homme qu'il n'est pas une mécanique. On récupérera un jour non seulement la grande imagerie chrétienne des noces de Dieu et de l'humanité, mais aussi des grandes données des cosmogonies anciennes que l'anthropologie moderne nous présente dans l'image de la déesse-mère, dans celles de la mère-vierge, etc. La piété mariale, il me semble, est à situer dans cette perspective. Hans Küng est très mal à l'aise avec la tendance de Rome à promulguer des dogmes au sujet de Marie, et je le comprends, parce qu'il me semble qu'il s'agit dans ce cas bien plus de piété ou de dévotion que de théologie ou de formulation dogmatique. Je crois aussi que dans ce cas de la piété mariale, on a intérêt à récupérer les grands thèmes des fiançailles de la Bible, mais aussi des cosmogonies anciennes que l'anthropologie redécouvre. Ce n'est pas pour rien que la liturgie assimile la Vierge à la Sagesse divine.

Le monde n'est pas une mécanique. Il est une œuvre d'art. L'homme n'est pas une matière inerte. Il a été créé homme et femme à l'image de Dieu. Notre connaissance de l'univers est autant de l'ordre de l'art que de l'ordre de la science. C'est ce que tentent de dire les poètes et les écrivains inspirés. Le Big Bang ne rend pas compte de la complexité du réel. Les artistes et les philosophes ont aussi droit de parole. Les mystiques voient la réalité qui intègre les éléments primordiaux et les espaces incommensurables.

Évoquant la dimension spirituelle qu'illustrent l'art et la liturgie, le poète Claudel écrit : « L'Écriture représente la Sagesse sous la forme d'une femme qui était là quand Dieu a créé le monde, que Dieu regardait pour s'encourager à créer le monde[35]. »

Mais revenons à la réalité de tous les jours. Dans une société où il n'y a plus de spiritualité, l'homme devient un concept, ou une mécanique. Toute la société devient une mécanique ou une manufacture, ou un rapport de forces. Les soins de santé ne sont plus un service, mais une industrie. Les sports ne sont plus une célébration de l'activité physique, mais une entreprise lucrative. On ne parle plus de service, de gratuité, d'attention, de dévouement, de maladie, mais d'argent, de salaires, de clients.

Dans *Le retour du tragique*, Jean-Marie Domenach réfléchit longuement sur le nazisme. Il affirme que pour les nazis, « le meurtre était devenu un problème technique [...] qui fut résolu avec toutes les ressources de la science et de l'organisation[36] ». Comme si l'âme humaine n'existait pas. Comme si l'être humain n'était qu'une mécanique. Comme si la liberté, l'intériorité, l'autonomie spirituelle étaient des chimères. On a parfois l'impression que le monde actuel réagit de la même façon par rapport à la contraception, l'avortement, l'euthanasie. Certaines réflexions actuelles, sur la sexualité, la contraception,

---

35. Paul Claudel, *Mémoires improvisés*, Paris, Gallimard, 1954, p. 76.

36. Jean-Marie Domenach, *Le retour du tragique*, Paris, Éditions du Seuil, 1967, p. 172.

l'avortement, l'euthanasie, la femme, me font penser à la définition du comique de Bergson : du mécanique plaqué sur du vivant. On ne réagit pas comme un être humain, mais comme un automate. Ou encore, peut-être faudrait-il parler de réduction de l'être humain, ce qui entraînerait un malaise imprécis qu'on assume comme on le peut, ce qui expliquerait l'évolution ambiguë de la relation de l'homme à la femme que Jean-Marie Domenach décrit de la façon suivante : « Peur de la femme devant l'homme, qui se dissimule sous le sourire propitiatoire ; peur de l'homme devant la femme, qui se traduit par l'homosexualité et l'obsession érotique[37]. »

Qu'est-ce qui se passe dans la société ? Vers quoi allons-nous ? On peut bien parler de développement technologique, mais après les guerres du vingtième siècle, le Goulag, l'Holocauste, etc., on ne peut plus parler de progrès humain au sens où on l'entendait au dix-huitième et au dix-neuvième siècles... Qu'est-ce qui se passe dans les souterrains de l'histoire, au fond de la conscience humaine, au fond de la culture et de la civilisation ? L'homme actuel schématise tout, réduit l'être à des formules.

※　※　※

Dans l'Ancien Testament, il y avait les prophètes. Contrairement à ce qu'on pense trop souvent, les prophètes n'annonçaient pas l'avenir mais expliquaient ce qui se

---

37. *Ibid.*, p. 243.

passait dans la société présente, ce qui se préparait si l'on ne changeait pas sa conduite. Dans l'Évangile, le Christ parle souvent des hommes qui ont des yeux et ne voient pas, qui ont des oreilles et n'entendent pas. Il pleure sur Jérusalem qui, parce qu'elle n'entend pas la parole de Dieu, sera saccagée de fond en comble, ce qui se produira après sa mort.

Comment interpréter ce qui se passe dans notre société, ce qui se prépare ? Les Allemands n'ont pas vu s'effectuer la montée du nazisme, les Russes n'ont pas vu se préparer la dictature bolchévique... C'est ma conviction que nous ne sommes pas plus lucides que les sociétés d'hier. Nous n'avons pas conscience de ce que nous préparons. Nous acceptons d'être bernés, exploités, conditionnés à des fins qui nous échappent. Il est évident que les moyens de persuasion de la foule sont multipliés indéfiniment par les médias. Il y a une chose évidente, c'est que les médias ne servent pas l'information, mais se servent de l'information. Depuis cinquante ans, le Québec vit sur une fausse image de lui-même que lui ont fabriquée une poignée de gens qui occupent des postes clefs dans les médias.

Ce qui est évident, c'est que la télévision ne sert pas l'information, elle la consomme, elle en vit. Supposez qu'elle voudrait vraiment renseigner, jouer un rôle culturel, favoriser l'information, la réflexion, elle pourrait, par exemple, faire un débat sur le bousillage de la loi 101 par la Cour suprême du Canada. Un vrai débat, j'entends, avec des gens des différentes tendances. Prendre le temps qu'il faut pour faire l'histoire, prendre le temps d'expliquer, deux, trois, cinq heures si nécessaire ! Mais je rêve en couleur ! Et de même pour la péréquation, les avantages ou les désavantages financiers pour le Québec de faire partie du Canada. Et je pense à d'autres sujets qui devraient être abordés dans de vrais débats : le mariage des homosexuels, l'éducation, qui était Lord Durham, le sort de General Motors à Boisbriand, la fermeture de Mirabel. Et je pourrais multiplier le nombre de sujets qui devraient être abordés à la télévision, c'est-à-dire sur la place publique. On ne le dira jamais assez, la télévision fausse le jeu démocratique. Ne l'intéressent que le sensationnel, le sport, ce qui augmente la cote d'écoute. Et si on parlait de la publicité ? Elle n'est pas de l'ordre de l'information, mais de l'intoxication. Quand une annonce passe à toutes les dix minutes, cela n'a rien à voir avec l'information. C'est de l'intoxication. Le client le connaît, le produit, mais on va tellement le lui infliger qu'il sera obligé de l'acheter. Et pensez à un autre aspect de l'effet médiatique : le fait que le même message est communiqué en même temps à des millions de personnes. Le mimétisme est alors d'une force irrésistible. C'est pourquoi la rectitude politique, le conformisme sont plus forts que jamais. Il s'agit d'adopter le sentiment commun. Ce qui caractérise peut-être le plus le citoyen de notre époque, c'est qu'il n'est pas un acteur mais un spectateur. Assis devant sa télévision, il assiste au spectacle qu'on lui présente. Il n'a qu'à gober, et il gobe. N'importe quoi. Il n'a pas besoin de penser, de décider, on pense, on décide pour lui. C'est ce qui explique qu'il n'est pas intéressé à aller voter.

Le citoyen actuel est un spectateur. Il regarde ce qui se passe. On dit souvent que les Québécois actuels ignorent leur passé. C'est ma conviction qu'ils ignorent leur passé comme ils ne l'ont jamais fait, mais qu'ils ignorent tout autant le présent. Ils ignorent le présent, ils ne savent pas ce qui se passe, et ils ne savent pas vers quoi ils s'en vont. Ils vivent dans une image biaisée du présent, dans l'ignorance du futur qui se prépare dans le présent. Ils sont comme des gens qui sont sur un bateau et qui ne se soucient pas de l'endroit où s'en va le bateau. Tout à coup, ils apprennent que la Caisse de dépôt est presque en faillite, la politique est corrompue à un point qu'on n'aurait jamais imaginé, les enfants n'apprennent rien à l'école, mais la machine à diplômes fonctionne quand même…

Dans une lettre qu'il m'écrivait en septembre 1996, Pierre Vadeboncoeur, pour qualifier le marasme de la société moderne, parlait d'implosion. Qu'on pense à ces immeubles désaffectés dont on pulvérise les fondations et qui s'écroulent sur eux-mêmes avec fracas et beaucoup de poussière! On a l'impression que le monde actuel est creux, qu'il croule, et que les charges d'explosifs sont placées un peu partout pour déclencher le mouvement.

Faut-il voir dans ces catastrophes un processus normal, inévitable? Dans *Mythes, rêves et mystères*, Mircea Eliade écrit que dans les cultures archaïques et traditionnelles, le retour symbolique au chaos est indispensable à toute nouvelle création. C'est à se demander si, dans une certaine mesure, notre monde n'adopte pas cette démarche. Lors de l'invasion des Barbares en Europe, au début du Moyen Âge, plusieurs croyaient que c'était la fin de la civilisation. Pourtant sont sortis de là la grande civilisation médiévale, l'art roman, l'art gothique, la scolastique, la littérature chrétienne, etc. Bossuet affirmait que de temps en temps Dieu nettoyait la place et qu'une nouvelle société apparaissait. Il n'est pas inconvenant de se rappeler que la vue chrétienne de l'histoire n'est pas celle d'un progrès continu mais celle d'un processus de mort et d'une résurrection.

Ce qui me semble évident, c'est que ce que le Québec vit, depuis le milieu du vingtième siècle, ce n'est pas une révolution, mais une implosion dont nous n'arrivons pas à réparer les dommages.

5. Se réapproprier l'héritage

Le monde actuel, même beaucoup de croyants, entretient avec l'Église une relation difficile. On lui pardonne difficilement ses imperfections et ses défaillances. On est beaucoup plus sévère pour elle que pour la société civile, et c'est un bon signe, car cela signifie qu'on attend d'elle plus que de toute autre institution. Et il est inévitable que l'Église déçoive, car elle ne sera jamais à la hauteur de ce qu'elle annonce. On ne parle pas de toutes les œuvres de charité qu'elle accomplit dans le monde, car cela va de soi. C'est son rôle de s'occuper des pauvres et des affligés.

Le scandale des prêtres pédophiles a été pour l'Église une rude épreuve. Beaucoup de gens ont perdu confiance en elle et on peut les comprendre. Le Christ avait déclaré : «Malheur à celui par qui le scandale arrive.» Et il y aura toujours dans l'Église des pécheurs, et il y aura toujours des Pharisiens pour s'en glorifier au lieu de plaindre la faiblesse humaine et de tenter de la guérir. Il convient, dans cette occasion, de se rappeler le proverbe chinois : Quand un doigt te montre la lune, regarde la lune, non le doigt. L'Église est pécheresse. Il ne faut jamais oublier que c'est elle qui nous a transmis le Message évangélique, qui a permis au Message évangélique d'arriver jusqu'à nous à travers vingt siècles d'histoire. Quand je comprends que l'Église est humaine, je ne me surprends pas d'y trouver des salauds et des profiteurs. Ma question est de savoir si malgré tout elle porte le message du salut de Dieu, si elle transmet aux hommes la parole de Dieu, si malgré ses déficiences, elle travaille à l'avènement du Royaume de Dieu.

Il faut reconnaître que la critique de l'Église est souvent bizarre, incohérente. Je pense à ces gens qui reprochent au pape d'être centralisateur et qui voudraient en même temps qu'il intervienne dans les pays lointains, qui le rendent responsable des scandales qui apparaissent même sur d'autres continents et lui reprochent de ne pas intervenir dans la vie des communautés locales.

Je remarque aussi que le grand public et la plupart des intellectuels se font bien souvent une image déformée de la foi chrétienne. Dans un article de revue, un auteur affirme en passant, comme cela, que le christianisme est une religion axée sur l'obéissance et le renoncement. Pourtant, il est très clair dans l'Évangile que le seul commandement est l'amour de Dieu et du prochain, que l'attitude chrétienne fondamentale qui est véhiculée par la liturgie et spécialement la prière eucharistique, c'est l'action de grâces. Réjouissez-vous, dit saint Paul, réjouissez-vous, car le Seigneur est ressuscité. Il est évident que bien des croyants ne sont pas à la hauteur de leur foi. Les chrétiens restent des êtres humains. Certains sont transformés par leur foi, d'autres se méprennent bêtement sur le contenu de la foi, d'autres sont des profiteurs, des loups dans la bergerie, comme on dit.

Pour juger de la valeur d'une religion, il faut recourir à l'enseignement du fondateur. C'est pourquoi la liturgie commence toujours par un *kyrie eleison*. Seigneur, prends pitié. Et qui, hormis Dieu, peut se dire saint ?

On peut donc affirmer que de nos jours, ce ne sont pas seulement des adversaires de la foi ou de l'Église qui portent sur elles un jugement souvent faux ou intempestif, mais les croyants eux-mêmes. Il y a toujours eu dans l'Église des fidèles, des saints très critiques, des prophètes qui ont dénoncé les abus et les errements, comme saint Jérôme, sainte Catherine de Sienne, saint Bernard, etc., etc. La liste de ces contestataires serait très longue, mais ces gens critiquaient l'Église parce qu'ils l'aimaient et souhaitaient qu'elle soit fidèle à elle-même. Et l'Église, comme je l'ai écrit, sera toujours critiquée parce qu'elle n'est jamais à la hauteur de ce qu'elle enseigne. Cependant, la critique peut être souvent fallacieuse, et bien des gens sont réfractaires à l'Église sans trop savoir de quoi ils parlent, par préjugé, par fanatisme. Il est tellement facile d'être contre, d'être contestataire. Rien ne ressemble plus à un clérical qu'un anticlérical. Mauriac a écrit quelque part que l'anticléricalisme est très souvent une forme voilée de conservatisme. Dans une période turbulente comme la nôtre et où le conformisme et la rectitude politique sont tellement florissants, le fanatisme se donne bien souvent l'apparence de la lucidité et de la magnanimité.

Ce que je veux souligner, c'est que chez les chrétiens d'aujourd'hui, on ressent très souvent un malaise dans sa foi. Beaucoup de gens ont honte d'être chrétiens, renient leur identité religieuse qui est inséparable de leur identité culturelle, dont ils ne peuvent pourtant pas se défaire comme d'un vêtement, et développent un complexe de culpabilité. Ce complexe de culpabilité est très répandu et s'exprime, par exemple, chez un auteur comme Frédéric Lenoir, qui dans son livre par ailleurs très valable, *Le Christ philosophe*, dresse d'abord un procès impitoyable de l'Église en rappelant les horreurs de l'Inquisition. Il procède comme on le ferait si, racontant l'histoire de la Russie, on commençait par le Goulag, ou celle de l'Allemagne en commençant par l'Holocauste. Il ne s'agit pas ici de nier les crimes et de voiler les horreurs, mais de ne pas céder à un conformisme qui fausse les perspectives.

Ce complexe de culpabilité des Occidentaux et des chrétiens est très répandu. Même le si sympathique cardinal Olivier Le Gendre n'en n'est pas exempt. Il y a chez lui un sentiment de culpabilité qui n'est peut-être pas chrétien, qui relève de la mauvaise conscience du clerc qui se voit exempt du péché. Le chrétien se sait pécheur, mais il ne doute jamais de l'amour de Dieu. Je me demande si le

sentiment pénitentiel du cardinal est assimilable au senti
ment pénitentiel chrétien. À l'entendre, on a l'impression
que l'Église devrait être d'accord avec le monde. Or, le
commandement de l'amour ne signifie pas que l'on est
d'accord avec tout le monde. Jésus va jusqu'à dire : « Je ne
prie pas pour le monde » (Jean, 17,9). Il y a quelque chose
dans le monde qui est inconciliable avec l'esprit de Jésus.

❋   ❋   ❋

J'écris ceci en février 2010. Le terrible tremblement de
terre d'Haïti qui a presque détruit Port au Prince et une
partie du pays, tuant des centaines de milliers de personnes, a ému les Québécois et le monde entier. On a
parlé des relations entre le Québec et Haïti depuis plus
d'un siècle. Or, c'est l'Église, ce sont les communautés
religieuses du Québec qui sont allées fonder des collèges,
des écoles, des dispensaires en Haïti. On passe presque
sous silence la contribution de l'Église dans cette histoire.
Le Québec est malade, mais pas seulement le Québec,
l'Occident.

René Girard a remarqué que l'ethnologie moderne,
qui a étudié la structure des récits, des mythes des peuples
primitifs, ne s'est pas intéressée aux récits bibliques qui
sont pourtant à l'origine de l'Europe et de la modernité.
Même Lévi-Strauss a adopté cette attitude.

Dans son livre *Renaître à la spiritualité*, Richard Bergeron
dresse le procès de l'Église avec sévérité et à mon sens de

façon injuste. On dirait qu'il n'a pas compris que l'Église a existé à des époques différentes de la nôtre, qu'elle était marquée par la culture, la mentalité des différentes époques, des différents pays. Il écrit, par exemple : « L'effort et l'intérêt de l'Église catholique ont porté au cours des siècles sur le développement de la qualité objective de la religion chrétienne : multiplication des lois, codification des règles, construction d'églises, de basiliques, etc. Cet effort de structuration s'est accompagné du développement unilatéral d'une dogmatique pétrie d'orthodoxies[1]. » Et il passe spontanément à des considérations qui sont aussi catégoriques que la manière d'agir qu'il reproche à l'Église : « Toute réduction de la religion au doctrinal débouche nécessairement sur l'idéologie et la violence. » On a l'impression que notre auteur n'a aucune conscience de l'évolution de la conscience humaine, des mœurs, de la culture. Je ne vois pas comment son approche spirituelle serait valable, par exemple, pour la Gaule, au lendemain de l'invasion des Barbares. Je suis persuadé aussi que le peuple qui, au Moyen Âge, construisait des cathédrales était animé d'une foi profonde et d'une haute spiritualité. Chartres, Reims, Vézelay, Saint-Michel, etc., ne sont pas jaillis du vide. Bergeron ne semble reconnaître aucune dimension spirituelle et culturelle à la vie monastique et à la vie religieuse. Il semble faire de la vie monastique une forme d'isolement, de marginalisation. « Il reste évident,

---

1. Richard Bergeron, *Renaître à la spiritualité*, Montréal, Fides, 2002, p. 189.

écrit-il, que nous assistons dans l'Église catholique à un processus d'isolement du principe spirituel, isolement qui va de la réclusion radicale à la présence mitigée dans le monde[2]. » Qu'on considère seulement la fameuse série télévisée britannique, *Cadfael*, qui situe l'action au douzième siècle, près du pays de Galles, pour voir comment le monastère est au cœur de la vie de ces gens primitifs.

Ce qui est étrange, c'est qu'alors que l'Église a produit un nombre considérable d'œuvres spirituelles, culturelles et humanitaires, que la culture occidentale est née au sein de l'Église, de la chrétienté, Bergeron lui reproche de s'être marginalisée en quelque sorte, alors que c'est ce qu'il appelle la « spiritualité » qui me semble se dérouler en marge de la société, de la culture, au contact d'un maître « spirituel ». Les grandes expressions de la spiritualité, pendant les siècles de la chrétienté, c'étaient l'art roman, l'art gothique. C'était l'expression culturelle de tous ces grands pasteurs et théologiens qui éclairaient la communauté chrétienne, les saint Jérôme, les saint Augustin, les saint Benoît, les saint François, etc. C'était le chant grégorien, Vivaldi, Bach, Mozart, Beethoven. Bergeron ne parle pas de Villon, de Rutebeuf, de Pascal, de Racine, de Péguy, de Claudel, de Bernanos. Ni de Giotto, ni de Cimabuëe, ni du Greco, ni de Rubens, ni de Michel-Ange, ni du Titien, ni de Dante... Il ne parle pas de la littérature du Moyen Âge, ni du grand mouvement de la Renaissance qui est un produit

---

2. *Ibid.*, p. 193.

de la chrétienté. On pourrait allonger la liste indéfiniment. La spiritualité n'a pas commencé avec le vingt et unième siècle. L'auteur ne semble pas s'être aperçu que la modernité vient du christianisme. On a l'impression que la spiritualité dont il parle est étrangère à l'histoire, à la société, à la culture.

❊   ❊   ❊

C'est sous un autre angle que je voudrais maintenant regarder le problème de la spiritualité, l'ouverture de l'homme au spirituel. L'Évangile nous dit que le Royaume de Dieu est parmi nous, qu'il est comme un petit grain de sénevé, comme un ferment dans la pâte. Je me dis que si le Message évangélique est authentique, si la Bonne Nouvelle est vraiment une Bonne Nouvelle, cela doit paraître dans la vie humaine, dans la culture, dans l'histoire. Saint Paul, toute la Bible nous répètent que la foi sauve l'homme. Si cela est vrai, cela doit paraître. Ce devrait être de ce côté que l'homme peut assumer sa condition, surmonter les obstacles qui se présentent. J'ai essayé de montrer dans les pages précédentes que le terreau chrétien ensemencé et cultivé par l'Église avait produit une moisson merveilleuse. Je voudrais maintenant considérer la même réalité sous un autre angle, en m'inspirant cette fois du livre d'Erich Auerbach, *Mimesis. La représentation de la réalité dans la littérature occidentale.* Cet ouvrage est pour moi le livre de critique littéraire le plus important du vingtième siècle.

L'éclairage qu'il nous apporte vaut pour la littérature, il vaut aussi pour la culture, la société, l'histoire.

Ce que montre le livre d'Auerbach, c'est que la révélation biblique et spécialement le christianisme provoquent une profonde mutation de la mimésis, de la représentation de la réalité, c'est-à-dire de la conscience, de la façon dont l'homme vit, éprouve sa relation au monde. La révélation biblique révèle l'envers du monde, l'au-delà des apparences, le sens de ce qui est.

Auerbach explique magistralement que le récit d'Homère, par exemple, ne comporte pas d'arrière-plan. Les événements sont rapportés comme des faits précis, évidents, rien de plus. Dans la Bible, cependant, on raconte un fait en suggérant toujours un arrière-plan non précisé, indéterminé, mais aussi réel que la réalité immédiate. Les personnages de la Bible, dit-il, «ont un sentiment plus profond du temps, du destin, de la conscience[3]». Cela est vrai pour Abraham, pour Saül ou David, pour les personnages bibliques en général. La vie humaine s'inscrit dans un dessein, dans une histoire, fait partie de l'histoire universelle. Ce que la Bible apporte, c'est une nouvelle conscience de l'histoire, de l'implication de Dieu dans l'histoire universelle. Dieu est présent dans le peuple, dans l'histoire. C'est le fondement de la prophétie. L'histoire est figurative. Elle appelle une interprétation. Les personnages d'Homère n'ont pas d'intériorité, ils ne

---

3. Erich Auerbach, *Mimesis. La représentation de la réalité dans la littérature occidentale*, op. cit., p. 21.

« deviennent » pas. Le personnage de la Bible est très complexe. Le récit du reniement de saint Pierre, par exemple, a une portée universelle. Le récit de la Passion engage l'humanité tout entière.

Auerbach évoque ce qu'il appelle le « créaturel ». Le « créaturel », c'est l'être créé, faible, pécheur mais enfant de Dieu. Les scènes de l'Évangile où l'on voit le Christ avec les pécheurs, la Samaritaine ou les deux pécheurs sur la croix seraient impensables dans la littérature antique. La Révélation, ce n'est pas seulement Dieu qui se révèle, qui se fait connaître, c'est Dieu qui révèle l'homme à lui-même, qui révèle la suprême dignité de l'homme.

Ce que montre Auerbach, c'est qu'après la venue du Christ, l'histoire change profondément. La vie humaine acquiert une dimension nouvelle, et cela transparaît dans la culture, la pensée, la langue, la littérature. Auerbach parle d'une « liaison verticale, montant de tout ce qui arrive sur terre pour converger en Dieu », une liaison très « significative » qui transforme la vie humaine et l'histoire[4]. Cela influence la langue, cela va donner le théâtre religieux du Moyen Âge, le « mystère », un style concret, un réalisme inédit qui imprègne toute la culture occidentale. Il montre comment « l'Église se trouvait engagée de bien des manières dans le domaine de l'activité pratique ». Auerbach évoque saint Grégoire, évêque de Tours au sixième siècle, il parle de « son sens pratique et actif de

---

4. *Ibid.*, p. 85.

la réalité qui fit de la doctrine chrétienne quelque chose qui put fonctionner au niveau de la vie terrestre et que nous avons maintes fois l'occasion d'admirer dans l'Église catholique[5] ». Il parle du « mystère d'Adam », de la scène entre Adam et Ève « qui conduit directement de la réalité la plus simple à la réalité la plus haute, vérité cachée et divine[6] ». Il montre comment *La Divine Comédie* de Dante est un produit de la conscience chrétienne, il retrouve chez Montaigne la conscience « créaturelle », il affirme que la « situation stylistique » de Shakespeare remonte au « drame cosmique de l'histoire du Christ[7] ».

Ce que le livre d'Auerbach montre de façon magistrale, c'est que l'esprit chrétien, la spiritualité chrétienne ont imprégné profondément la culture occidentale. Il traite son problème en recourant aux grandes œuvres littéraires, mais on pourrait considérer l'histoire des vingt derniers siècles et montrer comment le christianisme a insufflé une spiritualité à la civilisation, a contribué à changer les mentalités et la culture. On sait que le concept de personne est un fruit de la réflexion et de la pensée chrétiennes. Dans son beau livre *Comment je suis redevenu chrétien*, Jean-Claude Guillebaud explique très bien que le « moi », la « personne » n'existent pas dans l'islam. Le « sujet » est un produit du christianisme. Le musulman réformateur Malek Chebel admet que le « sujet » est étranger à

---

5. *Ibid.*, p. 102.
6. *Ibid.*, p. 166.
7. *Ibid.*, p. 323.

la tradition islamique. Ce qu'on appelle l'individualisme est un produit de la foi chrétienne[8]. Guillebaud cite René Girard, qui écrit que « c'est ce qui reste de chrétien en elles qui empêche les sociétés chrétiennes d'exploser[9] ». Dans *La femme au temps des cathédrales*, Régine Pernoud montre comment la femme, dès les premiers siècles du christianisme, trouve un statut social qu'elle n'avait jamais connu auparavant. La femme médiévale au foyer a une existence tout à fait différente de celle du gynécée ou du harem. L'amour courtois est une invention du christianisme qui vise le raffinement des mœurs et le respect de la femme. L'Église a milité contre les mariages politiques des enfants royaux. Régine Pernoud montre comment la spiritualité populaire, à l'époque de Jeanne d'Arc, malgré la rudesse des mœurs, coule de source. La pièce de Péguy sur Jeanne d'Arc n'est pas moins significative. Heinrich Heine affirme que c'est le christianisme qui a modéré l'instinct guerrier des Allemands. J'ai rencontré cette affirmation de Heine dans la correspondance de Claudel, et je la trouve tellement éloquente que je ne peux m'empêcher de la citer aussi. Dans son livre *De l'Allemagne*, Heinrich Heine écrit : « Le christianisme a adouci jusqu'à un certain point cette brutale ardeur batailleuse des Germains ; mais il n'a pu la détruire, et quand la croix, ce talisman qui l'enchaîne, viendra à se briser, alors débordera de nouveau la férocité

---

8. Jean-Claude Guillebaud, *Comment je suis redevenu chrétien*, Paris, Albin Michel, 2007, p. 71.

9. *Ibid.*, p. 57.

des anciens combattants. Alors – et ce jour, hélas, viendra – les vieilles divinités guerrières se lèveront de leurs tombeaux fabuleux, essuieront de leurs yeux la poussière séculaire. Thor se dressera avec son marteau gigantesque et démolira les cathédrales gothiques[10]. » Même un adversaire du christianisme comme Nietzsche reconnaît que le christianisme a exercé une puissante influence sur la civilisation, au point que la démocratie moderne est pour lui un fruit du christianisme[11]. Cette influence du christianisme sur la civilisation s'est exercée de toutes sortes de façons. Je cite un dernier passage que j'ai recueilli au cours de mes lectures et qui illustre un type d'influence des communautés religieuses. En 1708, l'Académie des sciences de Paris écrivait à propos des Jésuites : « Nous reconnaissons devoir aux RR. PP. de la Compagnie de Jésus la connaissance et la détermination de la situation géographique des principaux lieux des Indes, de la Chine, du Japon et d'une partie de l'Amérique. Ces pères, depuis un siècle, se sont employés avec ardeur, en tous lieux où ils ont des missions, à observer les éclipses de lune, etc.[12]. »

Je veux illustrer ici par ces exemples que dans l'Église, dans le christianisme, la vie sociale, la culture, la spiritualité sont intimement liées, sont inséparables. Même

10. Cité dans *Correspondance de Paul Claudel avec les ecclésiastiques de son temps*, vol. 11, 1, Paris, Honoré Champion, 2002, p. 42.

11. Friedrich Nietzsche, *Par-delà le bien et le mal*, deuxième partie, p. 202.

12. Cité par Jean Lacouture, *Jésuites*, vol. II, Paris, Seuil, « Points », 1991, p. 308.

les hommes pécheurs issus de la barbarie portent avec eux, du fait de leur foi, de leur adhésion au Fils de Dieu, un ferment qui fait lever la pâte, qui produit toutes sortes de fruits. Les livres de spiritualité bien souvent semblent oublier cette dimension de la réalité, semblent se situer systématiquement en marge de la société et de la culture. Je vois dans cette attitude un refus inconscient de l'Incarnation.

Il faut prendre au sérieux l'affirmation du Christ qui nous enseigne que le royaume de Dieu est comme un grain de sénevé, un ferment dans la pâte, le sel de la terre. Malgré toutes les difficultés et les abus de toutes sortes, malgré la bêtise humaine, les déviations de la société, et même de l'Église, l'idée chrétienne d'égalité des hommes finit par accoucher, dans des crises et des tensions, de la démocratie. Ce n'est pas pour rien que la démocratie est née en Occident, que c'est en Occident que s'est effectuée l'évolution du statut de la femme.

Je me demande si un grand théologien comme Hans Küng, par exemple, a suffisamment conscience de ce caractère révolutionnaire du message chrétien. Il saisit bien la portée théologique du message chrétien, mais je me questionne à savoir s'il perçoit suffisamment le message chrétien comme ferment, comme force révolutionnaire au cœur de l'histoire. Il critique le conservatisme, le dogmatisme de l'Église, et il a raison. Du pape Jean-Paul II, par exemple, si je comprends bien, il retient surtout son côté dogmatique, et il le dénonce. En même temps, il ne semble pas s'apercevoir du rôle extrêmement important de ce pape dans l'effondrement du communisme totalitaire en Europe. Or, Mikhaïl Gorbatchev a dit que «tout ce qui s'est passé en Europe de l'Est n'aurait pas été possible sans la présence de ce pape». Il s'agit de Jean-Paul II, évidemment (voir *Zénit* sur internet, 17 novembre 2009). C'est ma lecture de l'histoire au dix-neuvième et au vingtième siècle que c'est le ferment chrétien d'égalité qui suscite l'idéal d'égalité qui était au cœur du marxisme, mais cette recherche d'égalité a été déviée de son sens historique par des esprits totalitaires comme Lénine, Staline, etc. Ce totalitarisme s'est imposé à une partie importante du monde, mais il fut mis à son tour en question par un mouvement vers une société plus juste, par une aspiration à l'égalité qui vient de la foi chrétienne et dont le pape Jean-Paul II est le héraut. C'est une dimension qui me semble échapper à Hans Küng.

Et on pourrait relever bien d'autres signes de la présence de ce ferment chrétien dans l'histoire.

Paul Valéry parle de la religion catholique, de «cette religion qui fait de la beauté un de ses dogmes et de l'art le plus magnifique de ses apôtres[13]». Le ferment évangélique, il est dans la société, dans la culture. C'est ma conviction qu'il y a plus de spiritualité dans une cantate de Bach ou une phrase de Claudel que dans bien des traités de spiritualité.

---

13. Cité par Henri Guillemin, *Le «converti» Paul Claudel*, Paris, Gallimard, 1968, p. 134.

Pour désigner une certaine mentalité moderne, Alain Finkielkraut parle d'ingratitude, Milan Kundera de mentalité de procès. Je dirais que notre époque a mauvaise conscience en ce qui a trait à son héritage chrétien. Je m'explique ce phénomène de la manière suivante. Jésus est celui qui a le plus aimé les hommes, et les hommes l'ont tué, parce qu'ils ne veulent pas de l'amour, ils ne veulent pas être aimés, parce qu'ils ne peuvent rendre la pareille, et cela leur donne mauvaise conscience. C'est la mauvaise conscience qui empoisonne la planète. Il faut trouver un coupable. Le procès du christianisme que l'on dresse aujourd'hui n'est pas étranger au procès que l'on dresse à Jésus.

6. La question centrale de la culture et de la spiritualité actuelles

Ce qui me semble caractériser la modernité, c'est qu'elle est dans un cul-de-sac. Elle est débordée par tous les problèmes qui se posent à elle. Qu'il s'agisse de l'écologie, de la répartition de la richesse, des relations entre les peuples, nous sommes engagés dans des situations intolérables. Quelqu'un, dernièrement, annonçait la fin de l'humanité d'ici une centaine d'années! Le développement technologique est en lui-même une merveille, mais au lieu d'être au service de l'homme, il l'asservit. La société est devenue un immense marché qui ne considère l'homme que comme un client. On ne parle plus de la culture mais des cultures, de tout et de n'importe quoi. J'ai développé ces idées dans les chapitres précédents, je n'insiste pas.

La question que je me pose est celle-ci: où s'en va la modernité? Dans quel sens s'oriente la civilisation? Sommes-nous en rupture radicale avec ce qui nous a faits

jusqu'ici? Entrons-nous dans une histoire inédite, en parfaite rupture avec ce qui nous a précédés?

Depuis deux mille ans, une certaine partie de l'humanité s'est engagée dans le sillage de la tradition judéo-
chrétienne, ce qui signifie que la vie humaine est ouverte
sur une transcendance, qu'elle s'enracine dans une réalité
qui la dépasse et qui la fonde. Cette réalité, qu'on appelle
Dieu, demande à être reconnue, à être adorée, sans quoi
l'homme se fourvoie, s'avilit, se consacre à ce qui ne le
mérite pas, se dégrade et perd la conscience de sa dignité.
Dieu, en se révélant, révèle l'homme à lui-même, écrit
Erich Auerbach. Si l'homme n'accueille pas la Révélation,
il sombre dans l'absurde, l'existence n'a plus de sens. Pour
beaucoup de nos contemporains, le problème de la foi,
le problème de Dieu, est dépassé, démodé. Il appartient
à une époque périmée. On ne veut même plus en parler.
On pourrait se demander à quoi en dernier ressort se rat-
tache la conscience morale, à quoi s'accroche la question
du sens. Le philosophe Jean Bédard soutient que l'Occident s'est coupé de ses racines spirituelles et que la tâche
actuelle de ceux qui réfléchissent est de les redécouvrir.
Ces racines spirituelles sont la tradition judéo-chrétienne,
les néo-platoniciens, Maître Eckhart, Albert le Grand,
Nicolas de Cues, les mystiques, etc. La nouvelle spiritualité
doit, selon lui, intégrer les données de la science moderne,
spécialement de la physique et de l'astronomie. À partir
des données modernes sur la formation de l'Univers, on
formule même un nouveau langage pour parler de la

Trinité qui ne manque pas d'à-propos. C'est parce que beaucoup de gens sont coupés de ces sources qu'ils sont fascinés par l'ésotérisme, le Nouvel Âge, l'astrologie, etc.

Je pose donc la question fondamentale qui est au cœur de la culture actuelle, de la civilisation actuelle, de la spiritualité actuelle : « Oui ou non, Dieu s'est-il révélé à Moïse, aux prophètes, et s'est-il manifesté en son fils Jésus-Christ ? C'est sur la réponse affirmative à cette question que s'est construit l'Occident. L'Occident se serait-il construit sur une chimère ? Si les premiers chrétiens, les apôtres, saint Paul ne croyaient pas en la divinité de Jésus, le christianisme est une supercherie. L'Occident serait édifié sur une immense supercherie. Si l'on croit que la croyance en la divinité de Jésus remonte au quatrième, cinquième siècle, il faut expliquer la vie de Jésus, la foi des premiers chrétiens, la naissance du christianisme.

Le scepticisme inhérent à ce questionnement s'exprime aussi d'une autre façon. Il est porté par l'idée, plus ou moins explicite, que le christianisme a donné ce qu'il avait à donner et qu'il faut passer à autre chose. Une telle affirmation implique que le christianisme n'est pas fondé dans la réalité, qu'il est une étape dans l'histoire de l'humanité et rien de plus.

❀ ❀ ❀

Dans son livre *Naissance de Dieu. La Bible et l'historien*, le grand savant Jean Bottéro, spécialiste des religions sémitiques anciennes qui occupait une chaire d'assyriologie à l'École pratique des Hautes études à Paris, présente la foi de l'ancien Israël : « Voilà cette poignée de fidèles d'un dieu d'abord obscur, qui par le seul attachement à Sa personne et la seule force de leur foi en Lui, sans même le secours de la pensée proprement rationnelle, bien avant que cette dernière se soit imposée et ait donné ses preuves, chez les Grecs, non seulement ont fait de ce Dieu le Seul et l'Unique de tout l'Univers, mais arrive en quelques siècles à une intériorisation, un anoblissement de la religiosité tels que personne ne les a dépassés depuis et qu'il faut bien le reconnaître, bon gré mal gré, les deux millénaires qui nous ont faits ce que nous sommes en ont vécu, et nous-mêmes en vivons toujours, n'ayant encore rien trouvé de plus haut et de mieux dans ce domaine. Car le christianisme, qui reste, jusqu'à nouvel ordre, au propre cœur de la civilisation occidentale, aujourd'hui conquérante du globe, n'a rien ajouté ni modifié *d'essentiel* au yahvisme et au judaïsme[1]. »

Dans son très beau et très savant ouvrage « *En commençant par Moïse et les prophètes…* », le grand exégète québécois Guy Couturier écrit : « Ainsi l'entrée de Yahveh dans l'histoire d'Israël, et sa présence indéfectible dans toute l'épaisseur de cette histoire, voilà ce qui caractérise le Dieu d'Abraham, d'Isaac et de Jacob, le Père de Jésus-Christ[2]. »

---

1. Jean Bottéro, *Naissance de Dieu. La Bible et l'historien*, Paris, Gallimard, « Folio histoire », 1992, p. 178-179.

2. Guy Couturier, *« En commençant par Moïse et les prophètes… ». Études vétérotestamentaires,* Montréal, Fides, 2008, p. 629.

Le Dieu de la Révélation n'est pas une abstraction. « Il est de première importance, écrit Guy Couturier, de prendre sa présence concrète et efficace au cœur de l'histoire, comme étant le point de départ de toute réflexion que l'on pourrait faire sur lui[3]. » Dieu n'est pas sorti du cosmos. C'est lui qui fait exister le cosmos et règne sur lui. Dès le début, il rappelle à Israël : « Tu n'auras d'autres dieux que moi » (Exode, 20, 3). « La présence active de Yahveh au milieu de son peuple est conditionnelle à une présence non moins active d'Israël à son Dieu[4]. » Présence de Dieu à l'homme, présence de l'homme à Dieu. Si l'homme ne reconnaît pas l'existence de Dieu, l'univers est vide, l'existence n'a pas de sens. « Marche en ma présence et sois parfait » (Genèse, 17, 2), dit Dieu à l'homme. Et encore : « Cherchez-moi et vous vivrez » (Amos, 5, 4).

❧ ❧ ❧

La Révélation apprend à l'homme que l'Univers n'est pas vide, qu'il est habité. Et en même temps, elle lui apprend que le monde n'est pas Dieu, et dès lors que l'homme est libre. « Le judaïsme, écrit Samuel Trigano, ne se définit pas par rapport à la mort mais au retrait de Dieu qui fait place à l'homme[5]. » L'Ancien Testament rappelle constamment

---

3. *Ibid.*, p. 229.

4. *Ibid.*, p. 649.

5. Samuel Trigano, Gregory Baum et Salah Stétié, *Le monothéisme. Un Dieu, trois religions*, « Métissages », Montréal, Fides, 2003, p. 23.

l'existence de Dieu, la présence de Dieu dans l'histoire, mais condamne l'idolâtrie.

Je comprends que les gens inventaient autrefois les nymphes, Pan, Jupiter, etc. Ils avaient conscience qu'une réalité existe au-delà des apparences, que la disposition des arbres, des fleurs, des animaux, de l'Univers, est l'effet d'une intelligence. Nous, nous disons que c'est Dieu qui a créé le monde, qui le crée continuellement, qui le maintient dans l'être. Le sentiment de la présence de Dieu dans l'Univers est très fort dans toute la Bible. Dans la Genèse, dans le passage que je viens de citer, Dieu dit à Abraham : «Marche en ma présence et sois parfait» (Genèse, 17, 2). Dans les Psaumes, Dieu est présent dans la Création. Dans le psaume 104, on dit que Dieu est drapé de lumière comme d'un manteau, qu'il s'avance sur les ailes du vent, qu'il prend les vents pour messagers, etc. Ailleurs, on parle de la sagesse divine qui a présidé à la création. Chez les grands spirituels du dix-septième siècle, on nous invite à vivre en présence de Dieu. Saint François de Sales, pour parler de Dieu, de la vie chrétienne, puise une foule d'exemples dans la nature. Dans la perspective de la réflexion que je poursuis ici, je dis que le monde tel qu'il se présente à nous, les fleurs, les animaux, les astres sont habités par une intelligence active. La moindre plante est faite d'atomes, de molécules, d'éléments divers, mais existe comme plante grâce à une disposition qui relève de l'intelligence, de l'art. Si cela n'est pas à proprement parler le sentiment de la présence de Dieu, cela y conduit.

Le monde est habité. Il est pensé. Il est le fruit de l'intelligence divine.

À la télévision, images grandioses de l'espace, des galaxies. Grand nombre de galaxies, des milliards d'étoiles dans chaque galaxie, des planètes autour des étoiles probablement. Quand nous disons «Dieu créateur de l'Univers», n'oublions pas ces images grandioses. Ne réduisons pas Dieu à un personnage grotesque, simpliste. N'évacuons pas non plus notre émerveillement, notre sentiment d'être débordés, devant l'affirmation que l'Univers serait apparu il y a quinze milliards d'années, on ne sait trop comment, comme l'effet de l'explosion d'un corps extrêmement dense chargé d'une énergie inimaginable. Mais cette «molécule» inimaginable, d'où venait-elle? Il a commencé, l'Univers. C'est encore le mot «créé» qui exprime le mieux cette projection dans l'être. Et je regarde une branche de lilas, une tige de muguet, et je me dis que l'explosion de ces formes, à ce moment de l'année, dans la proportion, la beauté, la richesse des formes, est aussi mystérieuse que l'apparition de l'Univers. Je formule ce que je ressens de la façon suivante : Dieu est en tout ce qui existe, ce qui peut s'exprimer aussi de la façon suivante : tout ce qui existe est en Dieu.

Einstein reconnaissait une intelligence à l'œuvre dans l'Univers. Aristote disait que l'Univers était suspendu à Dieu par le désir. Jean Rostand disait à Gustave Thibon : «L'harmonie du monde me prouve d'une façon quasi certaine une intelligence ordonnatrice, mais rien ne me prouve que cette intelligence est amour[6]. » C'est la Révélation qui nous apprend que Dieu est amour.

« Au commencement, Dieu créa le ciel et la terre. » Quelle ouverture magnifique que celle de la Genèse, de la Bible. La terre existe. Elle a commencé, elle n'est pas éternelle. C'est Dieu qui l'a créée. La terre, le monde n'a pas en lui sa raison suffisante. Il a été créé par Dieu. Dans l'acte de Création, il y a quelque chose qui n'est pas de notre ordre à nous. Pour expliquer le monde, il faut recourir à un Être qui n'est pas de ce monde, qui est autre. Cette dépendance est métaphysique. Ce n'est pas l'ordre de l'avant et de l'après puisque avant la Création il n'y avait rien. Encore aujourd'hui, le monde est continuellement créé par Dieu. Il est suspendu à Lui. Ce que nous dit la Bible, c'est que cet Être qui crée le monde est bon, Il est notre Père. Il veut notre bien. Et il veut que nous nous comportions comme ses enfants. Et il nous enseigne qu'il n'y a qu'un commandement, l'amour de Dieu et du prochain.

Le Nouveau Testament annonce que Dieu est venu parmi nous. Les paroles de saint Jean affirment un fait qui dépasse l'entendement : « Et le Verbe s'est fait chair et il a habité parmi nous, et nous avons vu sa gloire, gloire qu'il tient de son Père comme Fils unique, plein de grâce et de vérité » (Jean, 1, 14).

Un auteur contemporain, Bede Griffiths, formule ainsi l'essentiel de la foi chrétienne : « La divinité ineffable, la

6. Gustave Thibon, *Au soir de ma vie*, Paris, Plon, 1993, p. 92.

seule absolue, s'est révélée sous la forme d'un personnage historique, Jésus de Nazareth, à une époque précise, en un lieu précis[7].» Jésus n'est pas un avatar ni un bouddha. Il est inscrit dans l'histoire, et c'est sur lui que s'est construit l'Occident. Teilhard de Chardin écrit : «Supprimée la réalité historique du Christ, l'omniprésence divine qui nous enivre devient semblable à tous les autres rêves de la métaphysique : incertaine, vague, conventionnelle – sans contrôle expérimental décisif pour s'imposer à nos esprits –, sans directrices morales pour s'assimiler nos vies[8].»

Voilà l'accomplissement de l'héritage judéo-chrétien, la formulation de l'expérience spirituelle qui s'est déployée au cœur de l'histoire depuis près de quatre mille ans et qui explique pour une part le monde dans lequel nous nous trouvons actuellement. À partir de là, nous pouvons formuler un certain nombre de considérations qui appelleraient des développements infinis.

❖ ❖ ❖

La première considération qui s'impose à moi spontanément, quand je réfléchis à la foi chrétienne, c'est que cette démarche de révélation qui constitue le judaïsme et le christianisme est d'une nature tout à fait particulière et

---

7. Bede Griffiths, *Une nouvelle vision de la réalité*, Montréal, Le Jour, 1996, p. 147.

8. Teilhard de Chardin, *Le milieu divin*, Paris, Éditions du Seuil, 1957, p. 140.

qu'elle nous impose de distinguer la foi et la religion. On ne peut traiter le judaïsme et le christianisme comme on traite les diverses religions. Le judaïsme et le christianisme ne sont pas de même nature que les mythologies grecques ou l'hindouisme par exemple. Les réflexions spécialisées ne prennent pas en compte cette spécificité, ne posent pas le problème de la Révélation. Probablement parce que la considération de la Révélation suppose un engagement personnel, existentiel. Or, les sciences modernes de la religion sont des disciplines. Elles n'impliquent pas d'engagement personnel. Marcel Gauchet parle de «la démultiplication des spécialités, de l'éclatement bureaucratique des savoirs[9]». Il ne cite pas la Bible. Pour saint Augustin, pour les Pères de l'Église, pour saint Thomas, la réflexion religieuse n'était pas une science disons objective, autonome, indépendante de l'option existentielle de celui qui la pratiquait. Elle était indissociable de la foi personnelle. Un incroyant ne pouvait pas faire de la théologie. Il y a là un problème sur lequel je n'arrive pas à me fixer et qui me semble capital, et qui n'est pas sans rapport avec ce qui poussait Nietzsche à déprécier la science au profit de la culture, à mépriser les philosophes professionnels. La culture, l'art ont une portée métaphysique, se déploient dans la métaphysique ; la science se meut dans l'ordre des lois, de l'observation. Elle s'enroule sur elle-même et se mord la queue. Les sciences modernes ne peuvent

---

9. Marcel Gauchet, *Le désenchantement du monde. Une histoire politique de la religion*, Paris, Gallimard, 1985, p. XXI.

rien comprendre à la foi qui est au-delà des lois. Je me demande, comme je l'ai noté plus haut, si la rectitude politique n'est pas pour une part à situer dans cet ordre de problèmes. La rectitude politique est un renoncement au sens, le consentement à un ordre donné, établi. Elle est un refus de la liberté, de l'ouverture à l'Absolu.

Certes, il est difficile de parler de Dieu, le parfait inconnu, dit saint Thomas. Difficile de parler de l'homme aussi. « L'homme passe infiniment l'homme », dit Pascal, ce qui signifie qu'il y a dans l'homme plus que l'homme, car l'homme est capable de Dieu.

Jean d'Ormesson écrit : « Sans remonter jusqu'à Moïse, qui n'est peut-être qu'une légende[10]. » Je vois beaucoup de légèreté dans une telle affirmation. Légèreté de l'homme de lettres qui joue à l'esprit fort. Moïse, Dieu qui parle dans le tonnerre, etc., etc. Mais il y a les Tables de la Loi, les dix commandements. Comment en est-on arrivé à cela ? Il y a la foi d'Israël. Une histoire qui se construit sur cette foi, malgré la faiblesse humaine. Il y a le christianisme. Il y a l'Occident. Comment rendre compte d'un événement spirituel comme celui dont on dit qu'il s'est passé sur le Sinaï ? Il a bien fallu qu'il se passe quelque chose pour qu'un peuple s'embarque, résiste, persévère.

Qu'on ne dise pas que cela n'a pas de sens parce qu'on ne peut pas l'expliquer. Beaucoup de choses sont là pourtant qu'on ne peut pas expliquer. C'est bien souvent quand

---

10. Jean d'Ormesson, *C'était bien*, Paris, Gallimard, « Folio », 2003, p. 137.

on croit avoir trouvé qu'on se fourvoie. Les ignares prétendent tout savoir. Les gens les plus savants sont ceux qui ont le plus conscience des limites de leur savoir. Comment parler de Dieu? Saint Augustin, avec l'intelligence qu'on lui connaît, écrit : « Qu'on ne croie pas avoir rien trouvé, quand on est parvenu à trouver combien est incompréhensible ce qu'on cherchait[11]. » Il dit encore : « Que les voix humaines se taisent, que les réflexions humaines s'apaisent ; qu'elles n'envisagent pas les choses incompréhensibles pour les comprendre mais pour participer à leur mystère[12]. »

J'aime à citer le passage suivant de Bossuet : « L'homme sera toujours à lui-même une grande énigme, et son propre esprit lui sera toujours le sujet d'une éternelle et impénétrable question[13]. » Le commandement, ce n'est pas de comprendre les hommes mais de les aimer. Croire en Dieu, ce n'est pas comprendre Dieu, c'est participer à son mystère, c'est s'ouvrir à lui, c'est l'accueillir en soi, comme on accueille un ami, un père, une mère. Nous mettons toujours dans nos moindres actes plus que ce que nous savons. Nous agissons à partir de l'inconnu qui est en nous. Nous parlons de révélation, d'Écriture Sainte. Ce qu'elle nous offre, écrit Auerbach, « c'est une participation et non pas une compréhension purement rationnelle[14] ».

11. *De Trinitate*, XV, 2.

12. Commentaire du psaume 146, cité par Auerbach, *op. cit.*, p. 164.

13. Bossuet, *Histoire des variations des Églises protestantes*, Paris, Méquignon, Junior et J. Leroux, Gaume Frères, Libraires, 1846, p. 15.

14. *Op. cit.*, p. 165.

Il ne s'agit pas de comprendre, mais de nous ouvrir au mystère des «choses incompréhensibles».

Croire en un Dieu transcendant, le tout autre, cela semble impossible, vain, et pourtant nous n'avons pas le choix. Le monde, l'Univers existe. Il ne peut sortir du vide. Rien ne peut sortir du vide.

C'est cette question que la littérature essaie de débrouiller sans jamais y arriver. Nous n'avons pas le choix de croire ou de ne pas croire en Dieu. Les raisons de tout nous échappent, mais il faut bien qu'elles existent, sans quoi rien n'existerait.

Je trouve étrange que des gens puissent dire que Dieu n'existe pas. Mais alors, d'où vient ce monde, comment l'expliquer? C'est comme si on me disait: ce texte que tu écris actuellement, il n'a été écrit par personne. Il est là, voilà tout!

Certains gens voient l'existence de Dieu comme une atteinte à l'autonomie de l'homme. Or, c'est l'existence et la transcendance de Dieu qui fondent l'autonomie de l'homme. L'homme dépend de Dieu qui est transcendant comme il dépend de la lumière pour voir les objets, la réalité. La lumière ne paralyse pas notre vision, elle la rend possible. Et pourtant, on ne voit pas la lumière. On voit les objets éclairés par la lumière.

Pour beaucoup de gens, aujourd'hui, l'idée que Dieu existe, l'idée que Dieu nous aime ne signifie rien, ne présente pas d'intérêt. La foi ne rime à rien. Croire en Jésus-Christ ne veut rien dire. Cela était bon à une autre époque.

L'homme actuel est mal à l'aise de croire en Jésus-Christ, et pourtant il croit en toutes sortes de choses qu'il ne comprend pas. Jean-Pierre Issenhuth écrit : « L'adhésion à Jésus-Christ demande-t-elle tant de foi ? Il m'en faudrait infiniment pour adhérer à l'idée que notre univers résulte d'une fluctuation quantique du vide[15]. »

Il est une certaine idée de l'homme, un certain sens de l'homme et de l'existence que nous avons perdus en écartant le catholicisme, en prenant la foi chrétienne à la légère.

                        ❧ ❧ ❧

Quand je lis dans la Genèse : « Au commencement, Dieu créa le ciel et la terre », je comprends que le monde a été créé par Dieu. Ce texte a une portée temporelle mais aussi métaphysique. De sorte qu'aujourd'hui encore, le monde est créé par Dieu, il est maintenu dans l'être par Dieu. Il ne surgit pas du néant. Le néant ne peut produire l'être. Comment maintenant parler de Dieu ? Cela n'est pas facile puisqu'il est transcendant, qu'il n'est pas de notre ordre à nous. On ne peut donc pas l'expliquer, il est l'Inconnu. Mon intelligence me dit qu'il existe, mais elle ne peut l'expliquer. Mais je peux me remettre à lui, c'est ce qu'on appelle la foi. Je peux le prier. Quand les disciples demandent à Jésus de leur apprendre à prier, il leur répond : « Vous direz : Notre Père qui es aux cieux… »

---

15. Jean-Pierre Issenhuth, *Le cinquième monde*, p. 179.

Que notre connaissance n'épuise pas l'être de Dieu, cela est inévitable. Cela va de soi, Dieu étant d'un autre ordre que nous. Mais même les humains, nos semblables, nous ne les comprenons pas. Nous les connaissons, mais notre connaissance n'épuise pas leur entité. Connaître, ce n'est pas comprendre. Je comprends une règle de mathématique. Je ne comprends pas une fleur, mais je la connais. L'idée de co-naissance de Claudel est incontournable. On ne doit pas l'écarter. Connaître, c'est « co-naître », c'est « naître avec ». C'est commencer à vivre autrement, enrichi par ce qu'on connaît. Transformé par ce qu'on connaît.

Nous ne pouvons appréhender Dieu car il est infini. Mais nous pouvons adhérer à lui, nous en remettre à lui. La foi, c'est s'en remettre à Dieu. L'enfant s'en remet à sa mère et à son père. C'est un acte intelligent.

Par la croyance, on peut accéder à une connaissance supérieure à celle à laquelle on accède par l'intelligence. Ainsi, je ne comprends pas la physique moderne, mais j'ai accès aux lumières de cette science.

« Écoutez Dieu[16] », dit Pascal. Écouter, c'est tendre l'oreille, c'est se mettre à sa disposition, c'est lui prêter attention. Le monde actuel n'écoute pas. Il crie beaucoup. Ouvrez votre télévision, vous verrez… vous entendrez…

❖ ❖ ❖

---

16. Pascal, *Pensées*, *Œuvres*, « La Pléiade », p. 1207.

L'œuvre de Marcel Gauchet me semble très importante. Cet auteur affirme qu'on ne peut comprendre la modernité si on ignore le rôle du christianisme dans l'histoire. Il reconnaît la spécificité du judaïsme et du christianisme et leur rôle capital dans l'avènement de la démocratie, de la modernité. Ce qui caractérise la modernité, c'est l'autonomie de l'homme, par opposition à l'hétéronomie religieuse des religions anciennes. Dans ces religions, l'homme n'est pas autonome. Il dépend de la divinité. L'affirmation judéo-chrétienne de la transcendance de Dieu, d'une certaine façon, libère l'homme par rapport à lui. C'est pourquoi le christianisme opère la libération de l'homme, permet et effectue la sortie de la religion.

Dans son beau mais difficile petit livre *La sortie de la religion*, brève introduction à la pensée de Marcel Gauchet, Patrice Bergeron affirme que pour Gauchet, « l'autonomie moderne est l'exact opposé de l'hétéronomie religieuse[17] ». Ce qu'il faut se hâter d'ajouter, me semble-t-il, c'est que l'individu moderne, lui, n'est pas autonome. Il retrouve une hétéronomie, une dépendance dans la collectivité, la foule. C'est l'homme collectif qui est autonome, par rapport à Dieu. L'individu, plus que jamais peut-être, n'est pas autonome, n'est pas individualiste, s'en remet à la collectivité, à la foule. Dans la société sortie de la religion, les ersatz de religion pullulent. On le voit dans

---

17. Patrice Bergeron, *La sortie de la religion*, Athéna Éditions, Outremont, 2009, p. 81.

le foisonnement des modes, le culte des vedettes, la soumission à la publicité, la pression de la rectitude politique.

L'œuvre de Gauchet est certainement très éclairante. Il me semble cependant qu'elle ne tient pas compte de l'œuvre de René Girard. Il me semble que Gauchet aurait intérêt à compléter certaines de ses considérations par la réflexion de Girard. Je me demande aussi s'il tient suffisamment compte du développement technologique qui change la relation de l'homme au monde et les relations des hommes entre eux. Je me dis que l'Évangile, c'est une parole… Gauchet, c'est un système qui, peut-être, sera remplacé par un autre.

* * *

Il n'est pas facile d'être croyant, dites-vous. Mais est-il plus facile d'être incroyant ? En un sens, il n'y a pas d'incroyants. Même ceux qui ne croient en rien sont des croyants. Ils le disent bien, ils ne croient en rien, c'est-à-dire qu'ils croient que rien n'existe. Mais ils croient. Ce qui est le plus profond dans l'homme, le plus radical, ce n'est pas la raison, c'est la volonté d'être, le consentement à l'existence, le désir. C'est le sens de l'axiome des anciens : «Je crois pour comprendre.» La foi permet d'accéder à la connaissance. C'est dans ce sens que Jean Bédard écrit : «Seule la confiance permet l'expérience du monde.» La foi signifie qu'il y a plus dans nos actes que ce que nous y mettons.

Que penser de ceux qui, comme Comte-Sponville, disent que ce qui compte, ce n'est pas la foi, mais la fidélité? «La fidélité, c'est ce qui reste de la foi quand on l'a perdue[18]», écrit-il. Et alors, si on n'a pas perdu la foi, que reste-t-il? Je comprends peut-être partiellement ce qu'affirme Comte-Sponville. On dit que la foi, c'est le ferment dans la pâte, c'est le sel de la terre qui la conserve. Il y a une culture chrétienne, une sagesse chrétienne qui sont des effets de la foi. Si la foi disparaît, cette culture demeure. Ainsi, on peut dire que l'art gothique est un produit de la foi, mais on peut aimer l'art gothique sans être croyant. On peut dire aussi qu'une foi authentique produit chez le croyant une grande sagesse, une profonde honnêteté. Cette sagesse et cette honnêteté peuvent rester si on perd la foi. On peut accepter une certaine sagesse chrétienne sans être croyant. Cela est sans doute vrai, mais j'aime à me rappeler ce que Jean Bédard fait dire à Maître Eckhart: «Lorsque la foi disparaît, apparaissent les croyances[19].»

Il est difficile pour l'homme d'aujourd'hui d'accepter l'idée que Dieu se soit révélé à Moïse, aux prophètes, et à plus forte raison que le Christ soit Fils de Dieu. L'homme d'autrefois, qui vivait au milieu de la nature, était disposé à accepter l'idée de la présence de Dieu dans la nature, et de là à reconnaître l'existence du Créateur, d'un être transcendant qu'on appelle Dieu.

---

18. André Comte-Sponville, *L'esprit de l'athéisme*, Paris, Albin Michel, 2006, p. 33.

19. Jean Bédard, *Maître Eckhart*, roman, Paris, Stock, 1998, p. 94.

Il n'en va pas de même dans la société actuelle qui est dominée par la technologie. Mon ami le philosophe Francisco Bucio écrivait dans la revue *Dires*, en 1984 : « Il me semble urgent de dénoncer le danger d'assimilation croissante de la culture par la civilisation scientifique et technique[20]. » Il affirmait que cette civilisation nouvelle pénètre « notre milieu moral, notre culture, d'une façon grossièrement impérialiste ». Cette civilisation tend à faire du monde une machine, elle avale la culture qui est le lieu de la liberté. Elle nie la pertinence de la culture comme celle de la religion. Elle est axée sur la fonctionnalité, sur les lois, non sur l'être. Elle se développe selon les exigences de son ordre à elle, non selon celles de l'homme. On comprend qu'elle est absolument autonome, fermée à toute transcendance. L'homme de la société techno-logique ne se soucie pas de l'être, à plus forte raison de l'Être. On comprend qu'il est imperméable à l'idée que Dieu se révèle.

Le sens de la révélation en Moïse, dans les prophètes, en Jésus-Christ, c'est que Dieu existe, qu'il est transcendant. Et parce qu'il est transcendant, il peut être en nous, avec nous, sans se substituer à nous, en nous laissant libres, en fondant notre liberté. Yves de Montcheuil écrit que Dieu est « assez transcendant pour nous être immanent et pour qu'en obéissant à sa loi, nous obéissions à une loi

---

20. Francisco Bucio, « Le complot contre la culture ou le scientisme totalitaire », *Dires*, vol. 2, n° 1, printemps 1984, p. 9.

qui sorte de nous-mêmes et nous soit intérieure[21] ». Ce que la Révélation nous apprend aussi, c'est que ce Dieu transcendant est aussi notre Père : « Notre Père qui es aux cieux… » Dieu transcendant, créateur de l'Univers, Père des hommes et des femmes qui peuplent la Terre. Pas seulement Énergie ou Force cosmique. Dieu personnes : Père, Fils, Esprit. Le langage humain est insuffisant. La tradition parle de mystère. D'où l'importance du rôle de l'Église qui empêche l'humanité d'errer, qui protège l'inexprimable, le mystère.

Le fondement de la spiritualité, ce qui laisse au-dessus de nos démissions et de nos résignations un espace qui nous permet de respirer librement, qui nous permet d'accéder à l'Esprit, c'est la conviction que Dieu seul est Dieu, qu'il est le Dieu unique, que nous sommes tous ses enfants, qu'il n'y a plus ni hommes ni femmes, ni maîtres ni esclaves, ni Juifs ni Gentils. Fondamentalement, ce qui nous définit, ce n'est pas le sexe, ni la classe sociale, ni la nationalité. Tant que nous n'avons pas compris cela, nous sommes esclaves des coutumes, des idéologies, des modes de toutes sortes. Nous n'avons pas accès à l'esprit, à la spiritualité. Pascal, dans un passage superbe, écrit que la religion des Juifs de l'Ancien Testament ne consistait pas essentiellement « en la paternité d'Abraham, en la circoncision, aux sacrifices, aux cérémonies, etc., mais seulement en l'amour de Dieu, et que Dieu réprouvait toutes les

---

21. Cité par Georges Chantraine, *Henri de Lubac*, tome II, Paris, Cerf, 2009, p. 296.

autres choses[22] ». Le Christ reprend en résumé toute la révélation quand il affirme qu'il n'y a qu'un commandement qui est l'amour de Dieu et du prochain.

Le sens de la Révélation, c'est que Dieu est Dieu, qu'il est unique. « Tu n'auras d'autres dieux que moi » (Exode, 20, 3) ; « Yahvé notre Dieu est le seul Yahvé. Tu aimeras Yahvé ton Dieu de tout ton cœur, de toute ton âme et de tout ton pouvoir » (Deutéronome, 6, 4-5). L'exégète Guy Couturier, dans un passage que j'ai déjà cité, formule de façon très précise ce qui constitue la foi judéo-chrétienne : « L'entrée de Yahveh dans l'histoire d'Israël, et sa présence indéfectible, dans toute l'épaisseur de l'histoire, voilà ce qui caractérise le Dieu d'Abraham, d'Isaac et de Jacob, le Père de Jésus-Christ[23]. » Ce Dieu n'est pas sorti du cosmos, il l'a créé et règne au-dessus de lui, il le fait exister. Ce Dieu est transcendant, mais il est présent à son peuple, d'une présence qui est conditionnelle à la « présence non moins active d'Israël à son Dieu[24] ». Transcendant et présent. Le sens même du mot Yahveh, c'est qu'il est présent. Présent dans l'histoire et pourtant transcendant. Présence qui culmine en quelque sorte en « l'événement Jésus[25] ».

« Moi, moi, je suis Yahvé, il n'y a pas d'autre sauveur que moi » (Isaïe, 43, 11). C'est l'affirmation de toute la Bible. C'est Dieu qui sauve l'homme. Si l'homme se détourne

---

22. Pascal, *Pensées*, Paris, « La Pléiade », 1954, p. 1231.

23. Guy Couturier, « *En commençant par Moïse et les prophètes...* », *op. cit.*, p. 629.

24. *Ibid.*, p. 649.

25. *Ibid.*, p. 229.

de Dieu, sa vie perd son sens. Il croit que tout est néant. Ou bien il ne voit que du mal dans le monde, que tout est méchanceté. Ou bien il ne voit plus de mal nulle part. Il ne distingue plus le bien du mal.

Si vous avez la foi, si vous croyez que Dieu vous aime, vous vivez avec la conviction d'être aimé, vous êtes sauvé. Mais si vous n'avez pas la foi, si vous croyez que tout est néant, votre vie débouche sur le néant. Il n'y a pas de salut. La foi présuppose une disponibilité, une ouverture, un consentement à l'Être, à l'Infini dont l'homme a le pressentiment et le désir. Ce pressentiment, ce désir ne sont pas vains.

Le salut par la foi, la foi qui sauve. Quand on parle de salut, on pense le plus souvent à la « vie éternelle ». Or, c'est dès maintenant que la foi sauve. Si vous croyez que tout est néant, il n'y a pas de salut. Mais si vous vivez dans le sentiment que Dieu existe, qu'il vous aime, vous êtes sauvé. C'est ce que répète l'Ancien Testament. La foi en Dieu permet d'habiter la terre. L'athée Sartre dit : « L'Enfer, c'est les autres. » L'Évangile dit : « Aimez-vous les uns les autres. »

❖ ❖ ❖

Comme l'écrit Guy Couturier, « un croyant se sentira toujours gêné à parler de Dieu[26] », parce que Dieu est transcendant, parce qu'il est le tout autre. Dans l'Ancien

---

26. *Ibid.*, p. 652.

Testament, on parle d'une lumière qui guide les hommes dans le désert. Jésus se dit la Lumière du monde. La lumière est une belle image de la transcendance : on ne la voit pas, mais elle permet de tout voir. Dieu, on ne le voit pas, mais il nous dit qu'il est, et en se révélant, il révèle l'homme à lui-même. L'homme n'est pas Dieu, mais il est capable de Dieu. Dans une société qui ne croit plus en Dieu, il y a risque que le côté sublime de l'existence s'efface, que tout soit placé sur un même plan, que l'homme se prenne pour une mécanique. Le croyant sait que même dans les réalités les plus humbles, il y a une dimension sublime. Pierre Vadeboncoeur parle d'indifférenciation pour caractériser la société actuelle. Cela vient sans doute de ce que notre société a perdu tout sentiment de la transcendance.

❧ ❧ ❧

Le moderne a de la difficulté à s'accommoder de l'idée d'un Dieu transcendant. Le théologien Richard Bergeron, l'auteur d'un livre sur la spiritualité, écrit : « Il va sans dire que de grands maîtres comme Moïse, Gautama, Jésus, Mahomet, Gandhi, François d'Assise sont des modèles et des maîtres capables d'inspirer toute recherche spirituelle et de stimuler tout effort de dépassement[27]. » Une telle affirmation n'est certes pas fidèle à la Révélation, à

---

27. Richard Bergeron, *Renaître à la spiritualité*, Montréal, Fides, 2002, p. 167.

la foi chrétienne traditionnelle. Pour les contemporains, écrit Bergeron, «il n'y a qu'un Jésus qui est juif, de religion juive; mais il y a plusieurs christs; aussi bien les christs blancs, noirs et amérindiens que les christs hindous, musulmans ou chrétiens. Le Christ, c'est l'image positive et salutaire que chaque religion, chaque race et chaque individu se fait de Jésus de Nazareth[28]». Je comprends très bien que le Christ n'est pas venu seulement pour les Juifs, mais pour l'humanité entière. Je ne pense cependant pas qu'on puisse mettre sur un même pied Jésus et Mahomet ou Gandhi...

Bergeron écrit en exergue à son traité sur la spiritualité: «Oui, je me lèverai et j'irai vers moi-même.» C'est une formule au moins discutable. Il écrit plus loin par ailleurs: «Mais un regard plus attentif amène à constater que l'épanouissement de soi ne se réalise que dans et par le dépassement de soi[29].»

Frédéric Lenoir tient une position assez proche de celle de Bergeron. En janvier 2010, parlant à la télévision de son dernier livre *Être et avoir*, il rappelle que nous vivons à l'époque de la consommation. Nous ne nous préoccupons que de l'avoir, nous négligeons l'être. Il faut changer la situation, nous tourner vers l'être. Pour cela, il propose de recourir à trois maîtres spirituels: Bouddha, Socrate, Jésus. Il y a en nous une âme immortelle. Ces trois maîtres, selon lui, vont nous faire accéder à la vraie dimension de la

---

28. *Ibid.*, p. 271.
29. *Ibid.*, p. 109.

réalité. Pourquoi trois maîtres ? Une fois parti, on pourrait
en ajouter indéfiniment...

On peut parler des signes de la présence de la transcendance de Dieu dans notre monde. Dans la théologie
occidentale, la foi, l'espérance et la charité sont des vertus
théologales, des dons de Dieu. Elles sont le fruit de l'expérience de Dieu. On ne parle pas de ces vertus chez les
anciens.

On peut se demander dans quelle mesure le monde
actuel retournerait à une espèce de panthéisme vague,
semblable au panthéisme prémonothéiste, quand
l'homme était immergé dans la nature. Un panthéisme
sans divinité, ce qui est contradictoire. Un monde dans
lequel la fonctionnalité a remplacé l'âme. L'Univers serait
une immense mécanique. Ce qui caractérise, me semble-
t-il, le vide moderne.

Il ne faut pas confondre, cependant, la fonctionnalité
moderne avec l'« impermanence » bouddhiste. Le bouddhisme exerce une fascination sur l'homme moderne
parce qu'il affirme que le néant est le fond de tout. Si je
comprends bien, la démarche de la méditation bouddhiste
se propose d'ajuster l'homme au néant de toutes choses.
La modernité ne s'interroge pas sur l'être ou le non-être,
elle ne se soucie pas d'immanence ni de transcendance,
elle s'intègre à la fonctionnalité. Le vide bouddhiste et
le vide moderne ne sont donc pas tout à fait de même
nature. Ils se ressemblent assez pour que le bouddhisme
fascine l'homme moderne. Mais c'est ma conviction que

cette fascination se dissipera à mesure que le bouddhisme assumera la modernité. Il y a entre le bouddhisme et la modernité un malentendu qui ne pourra manquer d'apparaître.

Le but des « religions », pour le Dalaï-Lama, c'est la transformation des esprits. C'est ce que font toutes les religions, chacune à sa manière. Mais le bouddhisme reste sur un plan horizontal, dans le vide, me semble-t-il. Le Dalaï-Lama écrit : « Tous les phénomènes sont absence de soi et vacuité[30]. » Saint Paul, lui, dit aux Athéniens : « C'est en Dieu que nous avons la vie, le mouvement et l'être » (Actes des apôtres, 17, 28).

Certains comparent le nihilisme bouddhiste au pessimisme du Qohéleth qui soupire que tout est vanité, qui souffre de la présence du mal dans le monde. Or, ce que montre le grand savant Jean Bottéro, c'est que l'Ecclésiaste, comme Le Livre de Job, ne nie pas l'existence de Dieu mais affirme au contraire l'existence de Dieu et sa transcendance. Après avoir cité un passage du Qohéleth qui dénonce la bêtise humaine, il écrit : « Dans un langage plus froid, presque brutal, d'un philosophe et non pas d'un poète, c'est bien là l'idée fondamentale de Job : transcendance de Dieu, devant laquelle, et quoi qu'il arrive, le seul sentiment et le seul jugement ne peuvent être que

---

30. Dalaï-Lama, *Sur la voie de l'éveil*, Paris, Presses du Châtelet, 2007, p. 149.

l'admiration et l'approbation[31]. » Ce qui est aux antipodes de l'attitude bouddhiste.

❖ ❖ ❖

Jean Bottéro parle de Yahvé comme de « l'unique chef de guerre des Israélites » des premiers temps, au moment de l'installation en Terre Sainte[32]. Ce Yahvé fait penser un peu à Allah, peut-être, ce qui suggérerait que l'islam en est resté à l'Ancien Testament, à la période primitive de l'Ancien Testament...

Pour le Dalaï-Lama, si je comprends bien son livre, l'inconnu est néant. Pour moi, l'inconnu, c'est Dieu qui est amour, intelligence, beauté, tout cela qui resplendit dans l'Univers. Pour moi, la moindre petite fleur est un chef-d'œuvre de formes, de proportions, de couleurs, de beauté, le rayonnement de l'Être, non du néant.

Je ne suis ni bouddhiste ni musulman. Je respecte les bouddhistes et les musulmans. J'ai eu des étudiants et des étudiantes bouddhistes que j'ai beaucoup aimés. Ils avaient une espèce de tendresse et d'humanité qui me plaisait beaucoup. J'avoue que l'islam me fait peur. Il me semble qu'Allah est un Dieu transcendant qui terrorise l'homme. À considérer la brutalité avec laquelle les musulmans pratiquent le terrorisme dans le monde, contre d'autres musulmans et contre les non-musulmans, on a

---

31. Jean Bottéro, *Naissance de Dieu. La Bible et l'historien*, p. 328-329.

32. *Ibid.*, p. 66.

l'impression que pour eux, la pitié, le sentiment, la compassion n'existent pas. Que la vie humaine n'a pas de prix. Ils tuent les humains comme d'autres abattent les arbres. Il semble qu'au nom d'Allah on puisse impunément perpétrer les pires crimes. Je ne retrouve pas dans le Coran ou chez Mahomet la tendresse que l'on voit chez le Christ dans l'Évangile et même dans l'Ancien Testament. Le Christ est un maître spirituel, pas un chef temporel. Mahomet est un chef spirituel et un homme de guerre. C'est une association très dangereuse. Le Coran demande aux croyants de faire la guerre à ceux qui ne croient pas en Dieu (IX, 29, 38, 39). Il demande qu'on lapide la femme adultère, alors que l'Évangile fait preuve de compassion : « Que celui qui est sans péché lui jette la première pierre. » Dans son livre magnifique, *Pie XII*, Robert Serrou rapporte une lettre du cardinal Tisserant dans laquelle il affirme que l'islamisme a servi de modèle à Hitler « parce qu'il remplace la conscience individuelle par le devoir d'obéir aux ordres du prophète ou de ses successeurs aveuglément[33] ».

Le bouddhisme, tel que je le vois dans les livres du Dalaï-Lama, est prébiblique. Il ignore la Révélation. Il ne sait pas que Dieu, le créateur, le transcendant, existe, a parlé aux hommes. L'islam en est resté à l'Ancien Testament, et même à un Ancien Testament très primitif. Dieu existe, il est transcendant et impitoyable. Le christianisme, c'est Dieu transcendant, créateur de l'Univers, et c'est Dieu parmi nous, en nous, qui enseigne, qui aime, qui

---

33. Robert Serrou, *Pie XII*, Paris, Perrin, 1992, p. 138.

pardonne, qui sauve. «Je suis avec vous jusqu'à la fin des temps.»

Les gens qui aiment Baudelaire, Rimbaud, Verlaine, Pascal, Bloy, Péguy, Malraux, Mauriac, Claudel ne peuvent pas être bouddhistes. Le bouddhisme est une forme d'athéisme. Il professe que le néant est la raison dernière de tout. Il propose un mode d'accommodement avec le néant.

La remarque de Claudel sur les Hindous me semble d'une grande actualité : «Les Hindous, avec une morne obstination, ne cessent de nous répéter que tout est illusion, mais nous chrétiens, nous croyons que tout est allusion.» Allusion à Dieu, pas au néant.

L'idée de l'Alliance, dans Jérémie, par exemple, est au cœur de la démarche biblique. «Je placerai ma Loi à l'intérieur d'eux-mêmes et c'est au fond de leur cœur que je l'inscrirai. Voilà comment je serai un Dieu pour eux et qu'ils seront pour moi un peuple» (Jérémie, 31, 33) (traduction de Bottéro).

❉ ❉ ❉

La modernité semble pour une part se désintéresser du problème de l'existence de Dieu. C'est ce qui explique que l'homme actuel se réduit, se schématise, se dévalorise, se voit bien souvent comme une mécanique, un objet, un agent de l'industrie, du marché, un être privé de spiritualité, d'intériorité, préoccupé seulement de son compte en banque, de ses gadgets. Ce n'est pas pour rien que fleurit toute une littérature de la banalité, de la vulgarité. Dans beaucoup de romans et de téléromans, on trouve de l'érotisme, des humeurs, mais plus de passion, plus de rêve, plus d'amour, plus d'indignation non plus. Un monde dans lequel il n'y a plus de sens, plus d'absolu. Comme dit un personnage : « De toute façon, la colère, je connais presque plus, je deviens zen, ma chère, et ça fait drôlement du bien. » Le plaisir prend toute la place, la joie n'existe pas. Il s'agit de gérer son stress, de prendre soin de soi. Il ne faut pas se couper de ses émotions. On s'en tient à une existence physiologique, psychologique. Se fondre dans l'énergie universelle. J'ai même rencontré l'expression : « Le dalaï-lama en moi va s'éclater. »

La laïcité est un produit de la Révélation, du christianisme spécialement. Il y a un risque cependant que dans la société laïque, il n'y ait plus de normes, plus de repères. Voyez nos débats publics sur l'homosexualité, sur l'éducation. On a l'impression que toutes les idées se valent. Ce qui remplace l'orthodoxie des sociétés traditionnelles, c'est la rectitude politique. Le slogan publicitaire tient lieu de précepte moral, de règle de conduite.

❖ ❖ ❖

En un sens, la religion est dépassée, comme nous l'avons dit. L'Esprit remplace le Temple. Mais dans la société de consommation, le marché supplante l'Esprit. Le marché veut tout. Il n'aime pas l'esprit ascétique qui se contente de peu. Il aime le consommateur, le gaspilleur, celui qui dépense.

L'idée que la religion (la foi) est dépassée vient pour une part de ce que nous sommes dans une société où seul est digne de considération ce qui favorise le marché, se plie à ses lois. Le marché est un dieu qui ne tolère pas d'autres dieux. Il exige de ses adeptes, de ses dévots qu'ils n'adorent que lui. « C'est à une véritable intériorisation du modèle du marché que nous sommes en train d'assister – un événement aux conséquences anthropologiques incalculables, que l'on commence à peine à entrevoir », écrit Marcel Gauchet, repris par Jean-Claude Guillebaud[34]. En octobre 2010, à la télévision, une émission traite du « marché des relations humaines », du « marché de l'amour », d'un « cours pour apprendre à cruiser dans les bars ». Nous sommes dans un monde dans lequel tout est marchandise, tout s'achète, tout se vend. Nous ne sommes plus dans la Grande Noirceur, nous sommes aveuglés par les lumières rutilantes du bazar.

*   *   *

Ceux qui prétendent que la divinité du Christ aurait été inventée au troisième ou au quatrième siècle doivent expliquer les passages de l'Évangile de saint Jean où il est

---

34. Jean-Claude Guillebaud, *La refondation du monde*, Paris, Seuil, 1999, p. 77.

dit que Jésus était Dieu. C'est même parce qu'il prétendait qu'il était Dieu que les Juifs voulaient le tuer (Jean, 10, 33). Certes, le mystère de Dieu reste total, mais que l'on soit croyant ou pas, il faut reconnaître que les premiers chrétiens prétendent que Jésus est fils de Dieu, qu'il est mort et ressuscité. Cette foi des premiers chrétiens est un fait historique. On ne peut expliquer autrement les Évangiles, les textes de saint Paul, les Actes des apôtres, et la naissance du christianisme. Et si l'on dit que la foi des premiers chrétiens était une chimère, alors il faut affirmer que l'Occident est construit sur une chimère.

Par ailleurs, que l'on soit croyant ou pas, on doit reconnaître que la Bible ne parle pas d'une mythologie comme les anciens Grecs et les anciens Romains ou les Hindous. Elle parle d'un Dieu qui se révèle en Moïse, par les prophètes, en Jésus. Les Romains ont bien compris que le christianisme contestait leurs croyances religieuses, remettait en question leur mythologie, et c'est pourquoi ils persécutaient les chrétiens.

❊ ❊ ❊

L'Occident, cela me semble évident, se désintéresse de son héritage spirituel et culturel. Non seulement il s'en désintéresse, mais il le renie bien souvent, il n'en reconnaît pas la valeur.

L'idée que Dieu est notre Père, qu'il nous aime, ne dit rien à l'homme d'aujourd'hui. C'est pourtant le message biblique, le message évangélique. C'est ce que vivent les saints habités par le sentiment que Dieu les aime. C'est la donnée centrale de la Révélation. Le chrétien, c'est celui qui fait l'expérience de l'amour de Dieu pour lui, pour l'humanité. Ce qu'on appelle la grâce, c'est l'effet sur les hommes de l'amour de Dieu. L'enfant qui est aimé est transformé par l'amour qui l'enveloppe. L'enfant qui n'est pas aimé est malheureux. L'humanité devient méchante quand elle se ferme à l'amour de Dieu.

Le fait culturel et religieux central de notre époque, en Occident, c'est en quelque sorte la mise entre parenthèses de l'héritage judéo-chrétien. La foi, c'est bon pour les simples, les petites gens, les gens non évolués. Ce n'est pas quelque chose de mauvais, c'est un reliquat du passé. L'homme évolué ne peut tolérer l'idée qu'existe un Être transcendant dont dépend l'Univers, que Dieu se soit révélé, que le Christ soit Dieu, soit Fils de Dieu. Cela est invraisemblable. Il n'explique pas par ailleurs l'impulsion qui est à l'origine de la civilisation chrétienne, de l'Occident.

Comment expliquer ce phénomène qui constitue une véritable rupture dans le développement historique ? J'y vois une première explication dans la confusion que l'on entretient entre la foi et la culture. Pour beaucoup de gens, être chrétien, c'est vivre, penser, se comporter comme les gens d'autrefois. Il est évident que la foi chrétienne a inspiré, inventé toutes sortes de formes de piété, de croyances, de pratiques religieuses et culturelles qui étaient bien enracinées dans une société, dans une époque. Il ne faut pas confondre tout ce bagage culturel avec la foi, mais conserver la foi qui nous est transmise à travers l'histoire.

Je vois une autre explication de ce refus de l'héritage spirituel de l'Occident dans un fait psychologique typique de la modernité, ce qu'on a appelé le « présentéisme ». L'homme moderne ne vit pas dans le temps, mais dans l'instant. Ce qui a existé avant lui ne l'intéresse pas. On a parlé de présentéisme pour caractériser sa mentalité, son attitude dans le temps. J'ai noté, dans les pages précédentes, que la transmission ne se fait pas. L'homme actuel prétend se réinventer complètement. On a même vu des professeurs, dans des exercices de renouvellement de la pédagogie, demander à des enfants de s'inventer une religion ! Comme si on pouvait repartir à zéro.

Le présentéisme est une espèce d'anticipation de l'éternité. Il suppute que nous sommes arrivés, que nous sommes accomplis. Il ne se soucie pas du sens. C'est pourquoi il ne s'intéresse ni au passé ni au futur. Il ne se voit pas en devenir.

Donc, ne vaut que le présent. Rien n'est transmis dans le temps. Ce monde prétend se réinventer continuellement, comme par génération spontanée.

Ce phénomène est la réplique exacte, dans le psychisme, dans la culture, de la réalité technologique. En technologie, le dernier modèle déclasse le précédent, le rend périmé. La réussite technologique est le terme d'un long processus, mais quand elle s'effectue, elle déclasse le processus qui lui a permis de se réaliser. Le nouveau modèle déclasse celui qui l'a précédé. L'histoire ne présente aucun intérêt pour l'agent technologique. Le moderne ne voit pas les changements modernes comme un approfondissement, mais comme une rupture, un départ à zéro. On est loin de Péguy, qui affirme qu'une révolution ne vaut que si elle fait ressurgir une humanité plus profonde que celle de la tradition, que si elle est une pleine tradition[35]. La vraie révolution n'est pas une rupture. Elle est l'accomplissement, la réalisation, l'approfondissement de ce qui est en marche dans le temps.

C'est ma conviction que c'est sur ce fond ambigu que se fait bien souvent la critique de l'Église. L'Église est ancienne, elle a deux mille ans, donc elle est démodée, déclassée. Je ne conteste pas toute critique de l'Église, car elle est humaine, elle est enracinée dans l'histoire et, je l'ai écrit, il est inévitable qu'elle soit l'objet de la critique car elle n'est jamais à la hauteur de son message. Mais ce que je supporte difficilement, c'est trop souvent le caractère biaisé de ces critiques, leur caractère pharisaïque. Il est bien évident que certaines gens se réjouissent des malheurs de l'Église au lieu de s'en attrister et de l'aider à s'améliorer. On est plus exigeant pour elle que pour la société, mais tout de même! On dénonce la pédophilie dans l'Église d'Irlande, des États-Unis, d'ailleurs, et on

---

35. Charles Péguy, *Prose*, vol. 1, «La Pléiade», p. 1306.

a bien raison. En même temps, la télévision, l'internet diffusent la pornographie à un rythme constant et on ne s'en scandalise pas. Je ne veux pas excuser l'Église, mais je garde la foi.

Les conséquences sur la société, sur la culture du rejet du message chrétien, de la Révélation sont incommensurables.

L'homme moderne croit s'être affranchi, s'être débarrassé de Dieu. Il croit s'être « libéré ». Or, dit Péguy, « jamais l'homme n'a été aussi embarrassé de Dieu. Quand l'homme se trouvait en présence de dieux avoués – qualifiés, reconnus, et pour ainsi dire notifiés, il pouvait nettement demeurer un homme ; justement parce que Dieu se nommait Dieu, l'homme pouvait se nommer homme [...] Dieu étant mis à sa place de Dieu, notre homme pouvait demeurer à sa place d'homme ; par une ironie vraiment nouvelle, c'est justement à l'âge où l'homme croit s'être émancipé, à l'âge où l'homme croit s'être débarrassé de tous les dieux que lui-même il ne tient plus à sa place d'homme et qu'au contraire il s'embarrasse de tous les anciens dieux[36] ».

Quand l'homme ne croit plus en Dieu, il arrive qu'il croie en n'importe quoi. Il arrive qu'il perde conscience de sa propre grandeur. Marcel Gauchet écrit : « C'est quand les dieux s'éclipsent qu'il s'avère réellement que les hommes ne sont pas des dieux[37]. » Et il ajoute plus loin :

---

36. Charles Péguy, *Zangwill, Œuvres en prose complètes*, vol. 1, Paris, « La Pléiade », 1976, p. 1401.

37. Marcel Gauchet, *Le désenchantement du monde, op.cit.*, p. 291.

«Le déclin de la religion se paie de la difficulté d'être soi[38].» Cela rejoint l'affirmation d'Auerbach que j'ai déjà citée : «Dieu, en se révélant, révèle l'homme à lui-même.» En accueillant la Révélation, l'homme s'accueille lui-même.

C'est dans ce contexte qu'il faut situer les grandes tragédies modernes, le nazisme, les génocides, le Goulag. Les nazis, le communisme stalinien prétendaient substituer à la civilisation chrétienne une nouvelle civilisation qui niait toute transcendance. Plus de cinquante millions de personnes ont fait les frais de cette hystérie. Et l'humanité ne s'est pas remise de ce fourvoiement. Elle s'invente des substituts de transcendance. Car l'homme ne peut évacuer le sentiment de la transcendance. Quand il refuse celui que lui transmet la tradition, il en invente des ersatz, des succédanés. La marchandisation de la société moderne est un des avatars de la transcendance comme le culte des vedettes remplace celui des saints. Mais surtout, ce qui tient lieu de métaphysique, pour l'homme moderne, c'est la technologie.

Certains diront : ce Dieu transcendant dont vous parlez, on ne sait pas qui il est, comment il se comporte, comment il agit. Je répondrais : cet ordinateur que j'utilise, je ne comprends pas son mécanisme, son fonctionnement, mais je l'utilise, il me rend de grands services. Mais je dirais plus : mon corps, mon cœur, mon cerveau, je ne sais pas comment ils fonctionnent, mais que serais-je sans

---

38. *Ibid.*, p. 302.

eux? La réalité nous contraint à nous reporter à l'au-delà de notre expérience.

Dans la tradition chrétienne, on dit que la foi en Dieu sauve l'homme. Quand on croit en Dieu, on ne peut considérer l'homme comme une mécanique ou un simple animal. Le croyant sait que Dieu l'a créé à son image, que son existence s'ouvre sur ce qui le dépasse. Dans l'avant-dernier chapitre des *Possédés*, Dostoïevski écrit : « Bien plus que d'être heureux, l'homme a besoin de savoir et de croire à chaque instant qu'il existe déjà, quelque part, un bonheur absolu et une paix pour tous et pour tout. Toute la loi de l'existence humaine consiste en la possibilité, pour l'homme, de s'incliner devant quelque chose d'infiniment grand. Si l'on prive les hommes de cet infiniment grand, ils refuseront de vivre et ils mourront de désespoir. L'infini, l'absolu est aussi indispensable à l'homme que cette petite planète où il vit[39]. »

C'est ce que la tradition chrétienne exprime de mille façons. Le pape Benoît XVI se fait l'écho de cette tradition. Dans une lettre au président iranien le 11 novembre 2010, il écrivait : « La relation avec Dieu est en effet le fondement ultime de la dignité inaliénable et du caractère sacré de toute vie humaine. » Si l'existence humaine n'est pas ouverte sur la transcendance, sur Dieu, elle est banalisée.

Quant au Québec, il ajoute à la confusion moderne sa propre confusion de peuple colonisé qui se culpabilise,

---

39. Cité par Jean Bottéro, *Babylone et la Bible. Entretiens avec Hélène Monsacré*, Paris, Les Belles Lettres, 1994, « Pluriel », p. 247.

se refuse lui-même. Il a la conviction d'en avoir fini avec son héritage chrétien, que le christianisme est une réalité du passé. Ce qui se dit ou s'écrit dans les médias sur le Québec, sur le catholicisme québécois est tellement stupide, très souvent, dénote une ignorance tellement profonde que c'est à désespérer. Tout est mis sur le même pied. On a l'impression que le contenu de l'enseignement du Christ est totalement ignoré, que le sens de la tradition chrétienne est méconnu, que l'Église est une institution déclassée, dépassée, qu'elle a maintenu le peuple québécois dans l'ignorance et la superstition.

Le Québec vit dans une fausse conscience de lui-même, de son identité, de son histoire, de son avenir. Rarement un peuple s'est-il autant fourvoyé. Il faudrait un coup de barre énergique pour redresser la situation, mais je ne vois pas qui pourrait le donner. Le Québec semble condamné à se dissoudre dans le vague. Le processus est solidement enclenché.

❊ ❊ ❊

Il existe actuellement une critique de la religion en général, et du catholicisme en particulier, qui relève d'un drôle de complexe de culpabilité que je ne m'explique pas très bien. J'en ai parlé dans les pages précédentes. J'ai souligné l'entrée en matière de Frédéric Lenoir dans son livre *Le Christ philosophe*. Richard Bergeron, dans *Renaître à la spiritualité*, cède à une mode qui veut que le «système catholique» étouffe l'homme, paralyse son épanouissement. Quand je rencontre des jugements comme ceux-là, je ne peux m'empêcher de penser à Stendhal, qui était un incroyant qui disait que c'était dans les États pontificaux que l'on ressentait le plus la joie de vivre, le bonheur d'exister. Ce qui me rend la lecture du livre de Bergeron désagréable, c'est peut-être qu'il pense le christianisme en termes d'une certaine spiritualité en marge de la société. Une spiritualité qui est celle de « maîtres spirituels », de gens qui vivent en dehors de la société. Une spiritualité qui n'est pas insérée dans la culture, dans l'histoire. Une spiritualité qui suppose une intelligence de l'histoire très discutable. Aussi bien l'histoire de l'Occident que celle du Québec. Il parle de spiritualité, et pourtant il ne fait aucune allusion à de grands spirituels comme ceux dont j'ai parlé dans le chapitre précédent. Si peu de saint Augustin, des Pères de l'Église, des grands mystiques chrétiens, de l'Évangile, de saint Paul. Au fond, il ramène la spiritualité à celle des « maîtres spirituels ». Il en fait une spécialité. Il ne voit pas la spiritualité qui s'est exprimée dans les œuvres de la chrétienté comme l'art roman, le grégorien, l'art gothique, le théâtre religieux médiéval, la peinture, etc. Il ne prend pas en considération l'immense contribution spirituelle de la vie monastique à l'histoire occidentale. Il condamne plutôt la marginalité de la vie religieuse, mais c'est lui en réalité qui est tout à la marge de la culture et de la civilisation.

❖ ❖ ❖

La foi, ce n'est pas une expérience solitaire. C'est une expérience culturelle, historique, sociale. Dans la foi, je me sens solidaire des croyants de l'Ancien Testament, des premiers chrétiens, des apôtres, de saint Paul, de la chrétienté, des grandes œuvres de l'art et de la pensée. Rimbaud formule très bien ma foi, ma spiritualité : « J'attends Dieu avec gourmandise. » La foi, ce n'est pas une possession, c'est une ouverture. La spiritualité, ce n'est pas un exercice de toilettage, c'est une ouverture à l'Esprit.

Je me demande parfois si la tendance à mettre sur le même pied le bouddhisme, l'islam, le christianisme, etc., ne vient pas d'une déformation de l'idée mise de l'avant par la démocratie, les droits de l'homme. Or, c'est mal comprendre les droits de l'homme que de s'imaginer que tous sont égaux en intelligence, en culture, en force physique… La démocratie n'abolit pas les différences, mais elle vise à permettre à chacun de vivre librement, de se développer selon ses talents particuliers.

Une des tâches actuelles des intellectuels occidentaux, c'est de redécouvrir le christianisme, de redécouvrir l'inspiration qui a fait l'Occident. Tant que cette démarche ne sera pas faite, la modernité sera dans l'illusion, elle ne pourra pas se départir d'une certaine collusion avec la fausseté. Le monde moderne se raconte des histoires, il s'imagine que rien n'a existé avant lui et que rien ne lui succédera. Il est vrai, cependant, pour ce qui regarde l'avenir, qu'il est en train de miner les bases non seulement de la culture, mais de la vie même.

L'homme, le monde, la civilisation ne sont jamais à la hauteur du message chrétien. C'est pourquoi l'évangélisation est toujours à recommencer.

Pour parler de Dieu, du Christ, de sa divinité, il ne faut pas hésiter à employer les mots « mystère », « sacré », parce que nous parlons alors de réalités qui dépassent l'entendement.

Nous rappeler que l'Évangile est toujours la Bonne Nouvelle. Le Royaume des cieux est toujours un ferment dans la pâte, un petit grain de sénevé. Jésus est avec nous jusqu'à la fin des temps, au cœur de l'histoire. Ce n'est pas ce qui fait le plus de bruit qui a le plus d'existence. Il y a les apparences, il y a la réalité. « Les hommes ont des yeux et ne voient pas, des oreilles et ils n'entendent pas. » Qu'est-ce qui se passe, qu'est-ce qui arrive ? « Ce qui nous apparaît comme perte du religieux n'est qu'un effet indirect du christianisme, et son caractère religieux lui-même finira par apparaître[40]. »

L'Évangile n'est pas un système. Un système peut être remplacé par un autre. L'Évangile est une parole. Rien ne peut le remplacer. Il est au-delà des raisons et des explications. Penser, comme certains, que le christianisme a donné ce qu'il avait à donner et qu'il faut maintenant passer à autre chose est une immense illusion. Plus qu'une illusion, un fourvoiement aux conséquences incalculables.

---

40. Entretien avec René Girard, *Le Monde*, 21 décembre, 2001.

7. Pour une spiritualité chrétienne

Saint-Exupéry a parlé quelque part d'une vie de l'esprit plus haute que celle de l'intelligence. Notre intelligence, en effet, n'épuise pas la réalité et nous devons vivre continuellement dans une réalité, ou devant une réalité, qui nous dépasse, qui est inépuisable, ce qu'ont senti tous les vrais poètes, tous les artistes et tous les êtres humains qui ont pratiqué quelque peu l'attention. Cette vie de l'esprit est synonyme de liberté intérieure, d'autonomie et constitue le fondement de la dignité humaine. C'est dans ce sens que Richard Bergeron écrit : « On devient spirituel le jour où on se saisit et où on agit comme sujet libre et autonome[1]. »

La spiritualité chrétienne cependant est autre chose. Elle est cela, mais plus que cela. Elle est, comme le dit le mot lui-même, une participation à l'Esprit du Christ.

---

1. Richard Bergeron, *Renaître à la spiritualité*, p. 122.

Ce qui donne peut-être le plus bel exemple de l'expérience vécue de la spiritualité chrétienne, c'est la scène des pèlerins d'Emmaüs, dans saint Luc. Jésus ressuscité leur apparaît, leur parle, mange avec eux et disparaît. Et les disciples se disent l'un à l'autre : « Notre cœur n'était-il pas brûlant au-dedans de nous, quand il nous parlait en chemin et qu'il nous expliquait les Écritures ? » (Luc, 24, 32). La spiritualité chrétienne, ce n'est pas un simple exercice de la vie de l'esprit, c'est une vie humaine transformée par la présence, par l'action de l'Esprit même du Christ. Ce n'est pas en soi une forme d'ascèse ou de travail sur soi, c'est une participation à l'Esprit même du Christ. Quand on parle de spiritualité chrétienne, on ne peut mettre sur le même pied Jésus, Bouddha, Socrate... La spiritualité chrétienne n'est pas non plus une espèce de célébration de l'énergie cosmique ni une forme d'ascèse ou d'introspection qui relèverait d'un intellectualisme hautain ou du stoïcisme ancien. La spiritualité chrétienne, le mot le dit, c'est la participation à l'Esprit même du Christ. Elle n'est pas une forme d'ascèse ou une manière de s'accommoder du vide, elle est l'expérience de la présence de Dieu. Dieu le Père de Jésus-Christ. Pascal décrit très bien, il me semble, ce qu'on pourrait appeler le fondement de la spiritualité chrétienne : « Mais le Dieu d'Abraham, le Dieu d'Isaac, le Dieu de Jacob, le Dieu des chrétiens est un Dieu d'amour et de consolation ; c'est un Dieu qui remplit l'âme et le cœur de ceux qu'il possède ; c'est un Dieu qui leur fait sentir intérieurement leur misère, et sa miséricorde infinie ; qui s'unit au fond de leur âme ; qui la remplit d'humilité, de joie, de confiance, d'amour ; qui les rend incapables d'autre fin que de lui-même[2]. »

C'est dans saint Paul, peut-être, qu'est le mieux décrit ce qu'est la spiritualité chrétienne. Il est significatif, à mon sens, que les auteurs modernes qui traitent de spiritualité parlent très peu de saint Paul. C'est qu'en réalité, la plupart ne parlent pas de spiritualité chrétienne.

Pour saint Paul, la spiritualité, c'est la participation existentielle à l'Esprit même du Christ. Le Christ ressuscité nous envoie son Esprit. Saint Paul célèbre cette présence de l'Esprit du Christ qui nous rend libres par rapport à tout ce qui n'est pas Dieu. «L'homme spirituel, dit-il, juge de tout et ne relève lui-même du jugement de personne» (1 Corinthiens, 2, 15). Nous n'avons pas, dit-il, «reçu l'esprit du monde, mais l'Esprit qui vient de Dieu, afin de connaître les dons que Dieu nous a faits» (1 Corinthiens, 2, 14). «Car le fruit de l'Esprit est charité, joie, paix, longanimité, sensibilité, bonté, confiance dans les autres, douceur, maîtrise de soi» (Galates, 5, 22). Il décrit l'expérience concrète, par les croyants, de l'Esprit du Christ, dans un texte qui est pour moi un des sommets de toute littérature, qui traduit une expérience spirituelle unique, qui n'a rien à voir avec le psychologisme et certaines formes de méditations orientales et occidentales : «La charité est longanime ; la charité est serviable ; elle n'est pas envieuse ; la charité ne fanfaronne

---

2. Blaise Pascal, *Pensées*, *Œuvres complètes*, Paris, «La Pléiade», p. 1281.

pas, ne se rengorge pas; elle ne fait rien d'inconvenant, ne cherche pas son intérêt, ne s'irrite pas, ne tient pas compte du mal; elle ne se réjouit pas de l'injustice, mais elle met sa joie dans la vérité. Elle excuse tout, croit tout, espère tout, supporte tout» (1 Corinthiens, 13, 4-8). Cette spiritualité est un programme, un idéal, elle exprime les mouvements de l'être humain qui agit sous la pulsion de l'Esprit. Ce qu'il y a d'excessif, dans la formulation même de cette démarche, «ne tient pas compte du mal», «croit tout», etc., affirme que la mesure humaine est ici dépassée, que le croyant accède à une dimension surhumaine. Saint Paul invente toutes sortes de formules pour suggérer cette expérience spirituelle d'un type absolument indescriptible: «Pour nous, notre cité se trouve dans les cieux, d'où nous attendons ardemment comme sauveur le Seigneur Jésus-Christ» (Philippiens, 3, 20). «Alors la paix de Dieu, qui surpasse toute intelligence, prendra sous sa garde vos cœurs et vos pensées, dans le Christ Jésus» (Philippiens, 4, 7). Et dans l'Épître aux Colossiens: «Le Christ tel que vous l'avez reçu: Jésus le Seigneur, c'est en lui qu'il vous faut marcher, enracinés et édifiés en lui, appuyés sur la foi telle qu'on vous l'a enseignée, et débordant d'actions de grâces» (Colossiens, 2, 6). La spiritualité chrétienne, ce n'est pas une forme d'ascèse, un exercice psychologique quelconque, c'est l'accueil de l'Esprit même du Christ, la participation à l'Esprit même du Christ.

Cette spiritualité chrétienne n'est pas le privilège de certains spécialistes. Elle est le bien de tous les croyants et tous les croyants y ont accès à des degrés divers. Les gens les plus simples et les esprits les plus élevés y ont accès. Elle n'est pas nécessairement de l'ordre des grandes performances ascétiques même si elle est parfois illustrée par de grands ascètes et de grands mystiques. Mais ce qui la constitue, c'est la participation à l'Esprit même du Christ. On en voit les effets chez les saints qui ont illustré l'humanité depuis deux mille ans. Ce qui la caractérise, parce qu'elle est l'accueil de l'Esprit du Christ, c'est une certaine joie, une certaine liberté indescriptible, une bonté qui n'est pas de ce monde et qu'on retrouve chez les vrais croyants, même les plus simples. C'est ce qui faisait dire à Pascal : « Nul n'est heureux comme un vrai chrétien, ni raisonnable, ni vertueux, ni aimable. » Et il ajoute plus loin : « Il n'y a que la religion chrétienne qui rende l'homme *aimable* et *heureux* tout ensemble[3]. »

C'est ce même effet de l'accueil de l'Esprit du Christ qui faisait dire à Mauriac : « Pourquoi sommes-nous différents, nous les fidèles ? C'est qu'il y a chez le chrétien le plus tiède, s'il est tout de même un vrai chrétien, un attachement, une passion à la mort à la vie, une tendresse qui participe de l'enfance, je ne sais quoi de doux qui n'est pas de ce monde. Cette grâce porte avec elle sa certitude. Pourtant j'y résisterais si je ne croyais pas que tout est vrai de ce qui est écrit, vrai d'une vérité littérale, que chaque parole du Seigneur ("le ciel et la terre passeront,

---

3. Pascal, *Œuvre*, « La Pléiade », p. 1302.

mes paroles ne passeront pas ") pèse sur l'Histoire de son poids éternel[4]. »

Dans son beau livre *Confession d'un cardinal*, Olivier Le Gendre donne une belle définition de l'esprit chrétien : « Être chrétien, c'est se sentir porteur de la tendresse que ressent Dieu pour chacun des hommes, avant d'adhérer à des doctrines, même si ces doctrines sont justes et bonnes[5]. »

Le père de Lubac de son côté dit de la vie chrétienne, qu'elle « est la possession de soi dans la dépendance lumineuse de Dieu[6] ». Dans l'Esprit de Dieu qui est amour. L'essentiel de la spiritualité chrétienne, ce n'est pas l'ascèse ce n'est pas l'exercice psychologique, c'est la participation à l'Esprit de Jésus qui est amour. C'est ce que chante le *Gloria in excelsis Deo*, le chant grégorien, et je dirais la *Neuvième Symphonie*, une cantate de Bach. La spiritualité chrétienne, c'est l'action de grâces, l'exultation parce que Dieu existe, parce qu'il est notre Père et que nous sommes introduits dans son intimité.

❧ ❧ ❧

On voit comment cette « spiritualité » est loin d'un certain esprit moderne qui ignore la gratuité, le pardon, la reconnaissance, le désintéressement, la magnanimité, toutes

---

4. François Mauriac, *Le nouveau bloc-notes*, Vendredi Saint, 1958, p. 43.

5. Olivier Le Gendre, *Confession d'un cardinal*, *op. cit.*, p. 314.

6. Georges Chantraine, *De Lubac II*, p. 471.

dispositions qui sont les effets de l'ouverture à l'Esprit. Il y a dans la spiritualité chrétienne deux mouvements qui se complètent : l'accueil de l'Esprit de Dieu, et la démarche de l'homme vers Dieu : « Cherchez avant tout le Royaume de Dieu, le reste vous sera donné par surcroît. »

Ce qui me semble évident, c'est que la spiritualité, au sens traditionnel que lui reconnaît la tradition chrétienne, est en recul, pour ne pas dire absente et décriée, dans la société actuelle. Je dirais même que beaucoup de gens ignorent jusqu'au sens de cette spiritualité. Cette situation va de pair avec un certain mépris de la religion, et de la foi évidemment, avec la conviction que toutes ces choses appartiennent au passé, relèvent d'un autre âge et que nous sommes bien libérés de toutes ces formes d'aliénation. Mais ce malentendu ne peut durer indéfiniment. Viendra un jour où l'homme de notre ère s'apercevra qu'il a une âme et sera de nouveau disponible à une nouvelle évangélisation. Et c'est d'une nouvelle évangélisation qu'il s'agit, car il est évident qu'une grande partie de nos contemporains ignorent tout à fait la nature du message évangélique.

Table des matières

Dans la collection « L'essentiel »

Robert Heilbroner
Le capitalisme du XXIe siècle

Naïm Kattan
Idoles et images

Georges Langlois
À quoi sert l'histoire ?

M. Owen Lee
Wagner ou les difficiles rapports entre la morale et l'art

Doris Lessing
Nos servitudes volontaires

Jean-François Malherbe
Le nomade polyglotte
L'excellence éthique en postmodernité

Paul-Émile Roy
Le christianisme à un tournant

David Solway
Le bon prof

Charles Taylor
La diversité de l'expérience religieuse aujourd'hui
Grandeur et misère de la modernité

Pierre Vadeboncoeur
Fragment d'éternité suivi de *Le fond des choses*
Le bonheur excessif
L'humanité improvisée

L'intérieur de ce livre a été imprimé au Québec en janvier 2012
sur du papier entièrement recyclé
sur les presses de l'Imprimerie Gauvin.